中國目錄學

胡楚生著

圖書與資訊集成

16pt x120 拉長 x3pt 寬

國家圖書館出版品預行編目資料

中國目錄學 / 胡楚生著. -- 初版. -- 臺北市
: 文史哲, 民 93 印刷
面 : 21 公分. (圖書與資訊集成 ; 19)
ISBN 957-547-971-8 (平裝)

1. 目錄學 - 中國

010.92 84008915

圖書與資訊集成 ⑲

中國目錄學

著 者：胡 楚 生
出版者：文 史 哲 出 版 社
http://www.lapen.com.tw
登記證字號：行政院新聞局版臺業字五三三七號
發行人：彭 正 雄
發行所：文 史 哲 出 版 社
印刷者：文 史 哲 出 版 社
臺北市羅斯福路一段七十二巷四號
郵政劃撥帳號：一六一八〇一七五
電話886-2-23511028 · 傳真886-2-23965656

實價新臺幣三〇〇元

中華民國八十四年（1995）九月初版
中華民國九十三年（2004）十月初版二刷

ISBN 957-547-971-8

自敘

民國五十年孟秋，余方就讀於臺灣省立師範大學國文研究所，五十一年仲夏，始從金陵楊師家駱先生，撰寫劉熙釋名之考證，於是檢覈群籍，紬繹條例，自是於目錄之學，稍窺門徑，五十五年，應聘前往星洲，任教於南洋大學，閒嘗以目錄之學，教授學子，課餘之暇，亦嘗草成目錄學之論著多篇，寄呈楊師寓目，楊師函示，亦每多嘉勉之言，六十八年，方自星洲，遄返台員，執教於國立中興大學，越一載，國立編譯館熊館長先舉，以大學用書中「目錄學」一書，邀約楊師撰著，楊師時方從事於中華大辭典之撰寫，日有定程，無暇執筆，以此相辭，熊館長蓋深知楊師識解宏通，精擅流略之學，故仍以勉力撰著之事相請，楊師力辭不獲，因令楚生與之合力共撰，楚生時方主持中興大學中文系系務，庶務繁多，又恐識力未逮，重違楊師之宗旨，是以遲疑未有所決，楊師於是示之以各秉所見，自行撰著，分別負責之意，楚生遂受命而簽約矣，七十五年，以連續任教七年，遵規休假，乃摒擋瑣事，窮數月之力，草成初稿十餘萬言，呈於楊師尊前，楊師閱稿，垂示大體尚是，亦有所見，與此稿相異者，時國立編譯館熊館長先舉，已卸仔肩，曾館長濟羣，親訪楊師於溫州街寓所，楊師告以容俟親撰部分稿件，當再一併送館審閱，然而，慧可師母，時正福體違和，楊師悉心照料，操持內外，益無暇晷，兼及其他，師母仙逝以後，楊師又時爲疾病所擾，精力漸衰，「目錄學」一書，遂不獲手自撰著者矣，雖然，楚生每往晉謁，楊師猶殷殷以此書之親手自撰爲念耳，孰料八十年九月下旬，楊師竟以併發之症，遽爾謝世，思成師弟，自美返國，料理稍定，獲見此稿，並以相詢，楚生因以此稿緣由，舉以相告，思成師弟，以爲楊師生前，旣未嘗親手撰稿，徵諸楊師生平用心，當亦不願兼此合撰之名者，楚生自揆，亦不敢以一己譾陋之作，而上累楊師之盛譽，因以此意，商諸國立編譯館，得以解除合約焉，猶念昔日，親承楊師教誨，不僅時蒙指點治學之塗轍，亦且多承垂示立身之方針，楚生不敏，黽勉以行，獲益良多，頃者，目錄學一稿，置諸篋中，又已數年，即將付梓，鋟版印行，聊供參稽，然而，追懷往事，其於楊師昔日之教澤，實倍增其感念之情者也。

中華民國八十四年七月十日**胡楚生**謹識於國立中興大學文學院

中國目錄學　目次

第一章　緒　論

第一節　釋　名

目錄之名，起於西漢，劉向歆父子校書之時，漢書敍傳云：「劉向司籍，九流以別，爰著目錄，略序鴻烈。」文選王康琚反招隱詩注引別錄，有「列子目錄」，又任彥昇爲范始興求立太宰碑表注引七略，言「尚書有青絲編目錄」，此皆「目錄」二字，合稱之始也，漢書藝文志總序云：

成帝時，以書頗散亡，使謁者陳農，求遺書於天下，詔光祿大夫劉向，校經傳、諸子、詩賦，步兵校尉任宏，校兵書，太史令尹咸，校數術，侍醫李柱國，校方技，每一書已，向輒條其篇目，撮其指意，錄而奏之。

上文所稱「校」者，謂讎校也，其稱「錄」者，謂篇目與指意也，文選左太沖魏都賦李善注引應劭風俗通義云：

劉向別錄云：「讎校，一人讀書，校其上下，得謬誤，爲校。一人持本，一人讀書，若怨家相對，爲讎。」

讎校或稱校讎，雖有一人自校與二人對校之義，而後世用之，多無分別，是則劉向整理圖書，以書多散亡，故必自廣蒐異本，校讎文字始也，至於一書校成，劉向錄而奏之，所奏「錄」中，實已兼包「篇目」與「指意」二者，篇目謂書前之目次，指意謂一書之敘言，故單言「錄」字，即已兼賅篇目與指意，複言「目錄」，則以強調篇目之重要，義亦益形明確，是以書無篇目，即不得名之爲「目錄」，更不得名之曰「目」也，及梁朝阮孝緒撰七錄序，乃曰：「昔劉向校書，輒爲一錄，論其指歸，辨其訛謬。」詳味斯言，與漢志有異，則似阮氏已不知「錄」中當有「篇目」也，馴至後世，凡言「目」者，遂多就群書之「書目」而言，則非漢世校書言「目」之溯義，而「篇目」一體，自是衰微，而亦不易見之於目錄之中矣。

劉向校書，必先有「校讎」文字之事，而後有隨竟奏上「目錄」之事，以至於有條別衆書，申述流變之事，然而，降及宋代，鄭樵撰校讎略，清代中葉，章學誠撰校讎通義，所論皆條別衆書，申述流別之事，而皆以「校讎」爲名，推本劉向，以爲劉向等所從事者，皆得名之爲「校讎」矣，章氏校讎通義敘云：

> 校讎之義，蓋自劉向父子，部次條別，將以辨章學術，考鏡源流，非深明於道術精微，群言得失之故者，不足與此。

又云：

> 鄭樵生千載而後，慨然有會於向歆討論之旨，因取歷朝著錄，略其魚魯豕亥之細，而特以

部次條別，疏通倫類，考其得失之故，而爲之校讎。

章氏盛推鄭樵，以爲能深會於向歆討論之旨，而遂以「校讎文字」一事，而遍攝劉向等整理圖書之事，因即以劉向等整理圖書之事，命之爲「校讎之學」，是不免以偏而概其全，且至於「略其魚魯豕亥之細」，是其讎校文字，亦加省略，則更屬名實不符矣，平情論之，劉向等讎校圖書，勘定異文，此固爲校讎之事，然自條篇目，撮指意以下，則非「校讎」二字本義所得兼攝者，至於每一書已，向輒「錄」而奏之，有篇目，有敘錄，則已屬「目錄」之所有事矣，且劉向等校理群書，適當秦燔詩書，典冊散亡之後，廣蒐異本，讎校文字，事屬必然，降及後世，雕版印刷，得書便捷，藏書之府，但能明其編次，詳其分類，即可以窺見學術，章著流變矣，固不必每書皆由「讎校文字」入手也，故「校讎」「目錄」二者，推本劉向，於發軔處，雖屬一源，而其畛域，確有不同，至於近世，固不必以「校讎」而廣包「目錄」，亦不得以「目錄」而兼賅「校讎」，二者亦各具封域，相互輔益，相得益彰，可也。

第二節 體制

目錄體制，大要有三，一曰篇目，所以考一書之源流，二曰敘錄（亦名解題或提要），所以考一人之源流，三曰小序，所以考一家之源流，三者之用，皆所以辨章學術者也，茲將三者作用，分敍如下：

一、篇目

古代典籍，命定篇目之名，約有兩途，其一以義名篇，其一不以義名篇，以義名篇者，如莊子之逍遙遊、齊物論、養生主，荀子之勸學、富國、正名等，顧名可以思義，縱覽篇目，則全書內容，大約可知者也。不以義名篇者，如論語之學而、爲政、八佾，毛詩之關雎、卷耳、柏舟等，截取篇首文字，以爲篇名，顧名亦不足識其要義，縱覽篇目，全書之內容，仍茫然不知者也，昔劉向校書，廣羅異本，俟每書校竟，則必條篇目，撮指意，隨書奏上，故今存劉向敍錄十餘篇，如荀卿新書，必先條列定著篇目，自「勸學第一」，以至於「賦篇第三十二」，然後始敍述其校讎此書之原委等等，如列子一書，必先條列定著篇目，自「天瑞第一」，以至於「說符第八」，然後始敍述其校讎此書之原委等等，然則目錄之中，於書名之後，必兼載定著其篇目之名，不唯讀是書者，可以按圖而索驥，從而通曉各篇之大義，亦且可以進而考覈其書之存亡散佚，與眞僞疑似也。

二、敍錄

敍錄之體，略如史書之列傳，所以知人論世者也，故漢書藝文志中，如其著錄書名，則班固自注，往往逕曰「有列傳」，謂史書（指史記）之中，有列傳載其人之行事，亦欲後之讀其書者，參互而比觀之也。

敘錄之用，可以考作者之行事、時代、與學術焉。考作者之行事，蓋有附傳、補傳、辨誤三例，如作者於史書之中，已有列傳，則爲其敘錄者，即可剪裁史傳原文，附於錄內，是爲「附傳」，如今存劉向敘錄，其韓非子敘錄，敘韓非生平，多取自史記韓非列傳者是也。如其作者於史書中並無列傳，或史書雖有列傳，而記之不甚明洽者，則並宜旁採他書，用以補列，是爲「補傳」，如今存劉向敘錄，於史記雖無尸子之傳，仍能詳述尸子生平，以及史記雖有晏子荀卿之傳，而敘其生平，太過簡略者，亦爲之別敘行事甚詳者是也。至於作者生平事跡，史書中或有傳，或無傳，而記述有誤，敘事訛謬者，則需詳加考訂，予以辨正，是爲「辨誤」，如今存劉向鄧析子敘錄，辨證子產殺鄧析之非眞者是也。

敘錄之用，考作者之時代，或敘其仕履，或敘其生卒年月，或敘其與某人同時，或敘其在某人先後，而作者之時代，亦大略可以推知，如現存劉向列子敘錄有云：「列子者，鄭人也，與鄭繆公同時。」孫卿敘錄云：「孫卿後孟子百餘年。」皆其例也，而班固於漢書藝文志自注之中，應用此例，尤爲繁多，是皆欲考明其作者之時代者也。

敘錄之中，亦可以考明作者之學術大要，評定其書之得失價値，如今存劉向戰國策敘錄云：「皆高才秀士度時君之所能行，出奇策異智，轉危爲安，運亡爲存，亦可喜，皆可觀。」管子敘錄云：「凡管子書，務富國安民，道約言要，可以曉合經義。」晏子敘錄云：「其書六篇，皆忠諫其君，文章可觀，義理可法，皆合六經之義。」皆其例也。然而，考作者之學術，此於敘錄之中，尤屬匪易，非博通古今，好學深思，心知其意者，不易爲功，必取之專門名家，識量俱優者，方能於書中要義，指陳利病，提要鈎玄，以端正是非之公者也，觀於今存劉向所撰敘錄十餘篇，皆文辭淵懿爾雅，心氣平和中正，論斷深刻確當，可知劉向所撰敘錄，其爲後世推爲典範者，必有事在，固不僅以其爲時代最早之撰述而已。

三、小序

小序之體，仿自史記太史公自序之論六家要旨，及莊子天下篇與荀子非十二子篇之評論各家思想利弊，皆所以考一家一派之學術源流者也，漢書藝文志六藝略詩類小序云：

書曰：「詩言志，歌永言。」故哀樂之心感，而歌詠之聲發，誦其言，謂之詩，詠其聲，謂之歌，故古有采詩之官，王者所以觀風俗，知得失，自考正也，孔子純取周詩，上采殷，下取魯，凡三百五篇，遭秦而全者，以其諷誦，不獨在竹帛故也，漢興，魯申公爲詩訓故，而齊轅固、燕韓生，皆爲之傳，或取春秋，采雜說，咸非其本義，與不得已，魯最爲近之，三家皆列於學官，又有毛公之學，自謂子夏所傳，而河間獻王好之，未得立。

此序於古詩之來源，以及四家詩之傳授，今古文之分別，多有論列，其於評騭得失，實亦可供參考，漢書藝文志諸子略道家小序云：

道家者流，蓋出於史官，歷記成敗、存亡、禍福、古今之道，然後知秉要執本，清虛以自守，卑弱以自持，此君人南面之術也，合於堯之克攘，易之嗛嗛，一謙而四益，此其所長也，及放者爲之，則欲絕去禮學，兼棄仁義，曰，獨任清虛，可以爲治。

又法家小序云：

法家者流，蓋出於理官，信賞必罰，以輔禮制，易曰：「先王以明罰飭法。」此其所長也，及刻者爲之，則無教化，去仁愛，專任刑法，而欲以致治，至於殘害至親，傷恩薄厚。

又名家小序云：

名家者流，蓋出於禮官，古者名位不同，禮亦異數。孔子曰：「必也正名乎，名不正則言不順，言不順則事不成。」此其所長也，及警者爲之，則苟鉤鈲析亂而已。

此類小序，敘各家之淵源，及其長短得失之故，頗能執簡御繁，以供參稽。然而，漢志之作，删自七略，七略之書，本有「輯略」，集諸書之總要，而漢志無之，僅得六略，姚振宗七略別錄佚文敘云：「藝文志序一篇，六略總序六篇，每篇篇序三十三篇，綜凡四十篇，除去班氏接記後事之語，皆輯略節文也。」是漢志小序，多劉歆輯略中文字，當可憑信，史記太史公自序索隱引劉向別錄云：

名家者流，出於禮官，古者名位不同，禮亦異數，孔子曰：「必也正名乎。」

此與漢志諸子略中名家小序之語，實皆雷同，蓋劉歆七略，删自別錄，班固復删七略，爲藝文志，故其文字淵源，有如此者也。至於小序之撰寫，尤貴於宅心持平，學識深宏，若劉子政者，方能論列百家利病，進退古今著述，若其率爾操觚，偏宕立言，則希有不失者也，故章學誠於劉知幾所論史家才學識三者之外，復益之以史德者，亦豈無故者邪！

四、三類

篇目、敘錄、小序，爲構成目錄之三大要素，持此三大要素，以通觀古代目錄之書，約略言之，可分三類，其一，有敘錄有小序者，如馬端臨文獻通考經籍考與四庫全書總目提要之類是也，其二，無敘錄有小序者，如漢書藝文志與隋書經籍志之類是也，其三，無敘錄無小序者，如鄭樵通志藝文略與張之洞書目答問之類是也。

三類書目，各擅其用，屬於第一類者，在論其指歸，辨其訛謬，屬於第二類者，在窮源至委，竟其流別，以辨學術，考鏡源流，屬於第三類者，在類例分明，使百家九流，各有條理，並究其本末，以見學術之沿革。以此三類，互相比較，則其宗旨，並無大異，蓋皆欲明辨學術之源流得失者也，故體制略異，而目的則同，此亦我國目錄學之傳統精神也。

第三節　功　用

昔者，王鳴盛嘗云：「目錄之學，學中第一緊要，必從此問途，方能得其門而入。」（見十七史商榷）江藩亦云：「目錄之學，讀書入門之學也。」（見師鄭堂集）張之洞亦云：「讀書不知要領，勞而無功，知某書宜讀，而不得精校精注本，事倍功半。」（見書目答問）又云：「將四庫提要讀一遍，即略知學術門徑矣。」（見輶軒語）此皆論述目錄之功用也，目錄之用，細加分析，約有下列諸端：

一、明瞭書中要旨

目錄之書，往往附有解題，如劉向別錄之類，學者一編在手，於其所欲誦讀之書，先閱解題，而書籍內容，學術得失，作者身世，皆可了然於心，進而極深研幾，亦可以權衡在胸，有所依憑，而不致開卷茫然矣，如今存劉向列子敘錄云：

列子者，鄭人也，與鄭繆公同時，蓋有道者也，其學本于黃帝老子，號曰道家，道家者，秉要之本，清虛無爲，及其治身接物，務崇不競，合于六經，而穆王湯問二篇，迂誕恢詭，非君子之言也，至于力命篇一推分命，楊子之篇，唯貴放逸，二義乖背，不似一家之書，然各有所明，亦有可觀者，孝景皇帝時，貴黃老術，此書頗行于世，及後遺落，散在民間，未有傳者，且多寓言，與莊周相類。

此於列子一書，內容大要，學術旨趣，皆能闡釋明白，而有以知其利弊之所在也。

二、考察學術流變

目錄之書，其有小序者，如漢書藝文志等，學者取而循覽，可以了解學術大略，若更分類以求，比較小序所述，則尤可明辨學術流變之現象也，如漢書藝文志諸子略儒家小序云：

儒家者流，蓋出於司徒之官，助人君，順陰陽，明教化者也，游文於六經之中，留意於仁義之際，祖述堯舜，憲章文武，宗師仲尼，以重其言，於道最爲高，孔子曰：「如有所譽，其有所試。」唐虞之隆，殷周之盛，仲尼之業，已試之效者也，然惑者既失精微，而辟者又隨時抑揚，違離道本，後進循之，是以五經乖析，儒學寖衰，此辟儒之患。

隋書經籍志子部儒家小序云：

儒者，所以助人君，明教化者也，聖人之教，非家至而戶說，故有儒者宣而明之，其大抵本於仁義及五常之道，黃帝、堯、舜、禹、湯、文、武，咸由此，則周官太宰，以九兩繫邦國之人，其四曰儒是也，其後陵夷衰亂，儒道廢闕，仲尼祖前代，修正六經，三千之徒，並受其義，至于戰國，孟軻、子思、荀卿之流，宗而師之，各有著述，發明其指，所謂中庸之教，百王不易者也，俗儒爲之，不顧其本，苟欲譁眾，多設問難，便辭巧說，亂其大體，致令學者難曉，故曰博而寡要。

四庫提要子部儒家小序云：

古之儒者，立身行己，誦法先王，務以通經適用而已，無敢自命聖賢者，王通教授河汾，始摹擬尼山，遞相標榜，此亦世變之漸矣，迨托克托等修宋史，以道學儒林分爲兩傳，而當時所謂道學者，又自分二派，筆舌交攻，自時厥後，天下唯朱陸是爭，門戶別而朋黨起，恩讎報復蔓延者，垂數百年，明之末葉，其禍遂及於宗社，惟好名好勝之私心，不能自克，故相激而至是也，聖門設教之意，其果若是乎，今所錄者，大旨以濂洛關閩爲宗，而依附門牆，藉詞衛道者，則僅存其目，金谿姚江之派，亦不廢所長，惟顯然以佛語解經者，則斥入雜家，凡以風示儒者，無植黨，無近名，無大言而不慚，無空談而鮮用，則庶幾孔孟之正傳矣。

漢書藝文志記錄西漢以前之典籍，小序則敘述西漢以前之學術流變，隋書經籍志與四庫提要則分別記錄唐初及清初以前之典籍，其小序則敘述唐代及清代以前之學術流變，茲取漢志、隋志及四庫提要儒家類之小序三篇，排比並觀，就其所敘述者，亦可略明儒學之流別沿革，及其學說之利病得失，此亦目錄書之功用也。

三、鑒別古籍眞僞

胡應麟四部正譌論辨識古籍眞僞，有云：「覈之七略，以觀其源，覈之群志，以觀其序。」葉德輝藏書十約亦云：「鑒別之道，先自目錄學始。」皆言目錄史志，有助於鑒別古籍之眞僞也，如隋書經籍志經部易類有「歸藏十三卷」，史部雜史類有「越絕記十六卷」，子部小說家有「燕丹子一卷」，以上三書，考其作者時代，成書年月，似當在西漢以前，而覈之漢書藝文志，上述三書，皆不見於著錄，然則自史志著錄源流觀之，上述三書，其眞僞皆有可疑者，此亦覈之史志，以求鑒別古籍眞僞之例也，推之其他古籍，可以隅反。

四、稽核典冊散亡

舉凡漢志所有之書，迄於隋志，而未加著錄者，其書多屬散亡佚失者，如漢書藝文志六藝略易類有「易傳：周氏二篇，楊氏二篇，蔡公二篇，王氏二篇，丁氏八篇」，諸子略道家有「伊尹五十一篇」，「老萊子十六篇」，兵書略權謀類有「范蠡二篇」，「韓信三篇」，而檢覈隋書經籍志，上述諸書，皆未著錄，大略言之，則以上各書，迄自唐初，多已亡失散佚者也。

五、檢覈書名異同

西漢以前古籍，往往以人名爲書名，西漢以下，書名時有改易，如漢書藝文志六藝略春秋類有「太史公百三十篇」，隋書經籍志史部正史類已改稱「史記」，漢書藝文志諸子略儒家有「陸賈」一書，「賈誼」一書，隋書經籍志子部儒家類已改稱「新語」與「賈子」，漢書藝文志兵書略權謀家有「吳起」一書，隋書經籍志子部兵家類已改稱「吳起兵法」，漢書藝文志詩賦略有「屈原賦」一書，隋書經籍志集部已改稱「楚辭」，然則書名異同，亦可自覈對史志之中，加以明瞭也。

六、辨識部居出入

漢書藝文志與隋書經籍志，其分別部居，多有不同，漢志分爲六藝、諸子、詩賦、兵書、數術、方技六略，隋志分爲經、史、子、集四部，是以有同一書籍，在漢志中入於此類，至隋志中乃改入他類者，如「史記」一書，漢志附於六藝略春秋類末，隋志改入史部正史類之首，「管子」一書，漢志入於諸子略道家之內，隋志改入子部法家，「爾雅」一書，漢志入於六藝略孝經類中，隋志改入經部論語類中，似此種部居之出入現象，其關係於圖書之性質，與學術之流變者，往往甚大，皆可從而研究，以明其眞相也。

七、查驗篇卷分合

古籍流傳，時有增減，故其篇卷，或不盡同，如「管子」一書，漢志著錄八十六篇，隋志載爲一十九卷，新唐書藝文志記爲一十八卷，宋史藝文志乃作二十四卷。「愼子」一書，漢志著錄四十二篇，隋志作十卷，宋史藝文志以下，僅存一卷五篇。「抱朴子」一書，隋志著錄五十一卷，舊唐書經籍志著錄七十卷，新唐書藝文志作內篇十卷、外篇二十卷。似此一類現象，稽之史志，尤可得其淸晰之轉變時代也。

八、據為輯佚憑藉

古籍流傳後世，佚亡者爲數甚多，故欲蒐輯佚書，必先檢閱書目，以知該書於何時亡佚，又據目錄之書，俾知該書要旨，如有篇目可見，則於蒐輯亡佚，尤多方便之處，宋代王應麟首開輯佚之風，降及淸代，斯學尤盛，如惠棟之輯易漢學，孔廣森之輯尙書大傳，宋翔鳳之輯論語鄭注，臧庸之輯爾雅漢注，而馬國翰玉函山房輯佚書，黃奭漢學堂叢書，所得最爲宏富，故輯佚之初，必先依據目錄史志，以爲其津梁與憑藉也。

目錄之功用，大略言之，約可歸爲上述八項，然而，目錄之書，特一簿籍而已，運用之妙，存乎其人，非謂上述八項，即可以盡目錄之用也。

第二章 校讎

第一節 別錄

自秦代一統天下，燔滅詩書，古代典籍，爲之蕩然，迄於劉漢既興，改秦弊政，惠帝除挾書之律，武帝下求書之詔，於是開獻書之路，進藏書之策，置寫書之官，一時書冊，皆充秘府，外有太常、太史、博士之藏，內有延閣、廣內、秘室之府，百年之間，書集如山，成帝時，詔劉向等人，領校群書，是爲我國史上，第一次大規模之整理圖書也，漢書藝文志總序云：

成帝時，以書頗散亡，使謁者陳農，求遺書於天下，詔光祿大夫劉向，校經傳、諸子、詩賦：步兵校尉任宏，校兵書，太史令尹咸，校數術，侍醫李柱國，校方技，每一書已，向輒條其篇目，撮其指意，錄而奏之，會向卒，哀帝復使向子侍中奉車都尉歆卒父業。

劉向等典校秘書，每一書成，向輒條其篇目，撰述旨要，以爲一「錄」，而奏上之，梁阮孝緒七錄序云：

昔劉向校書，輒爲一錄，論其指歸，辨其訛謬，隨竟奏上，皆載在本書，時又別集眾錄，謂之別錄，即今之別錄是也。

是劉向所撰之「錄」，本皆載於校成各書之前，一併奏上，其時，或將所奏之「錄」（或名敘錄），另書一份，以爲存底，積之既久，其「錄」已多，遂乃集爲一書，名曰「別錄」，七錄序所謂之「別錄衆錄」，即指「載在本書」之「錄」以外，「別」有合其衆「錄」爲一書者也，「別錄」一書，梁朝尙存，故阮孝緒謂其「即今之別錄是也」，余嘉錫目錄學發微嘗云：「別錄者，取衆書之錄，集爲一編，於本書之外別行，如四庫全書先有提要，後乃編爲總目也。」其說最爲近眞。

別錄一書，唐宋以後，其書已佚，而清代學者，如洪頤煊之經典集林、嚴可均之全漢文、馬國翰之玉函山房輯佚書、姚振宗之快閣師石山房叢書，皆各有輯本，雖不能盡復別錄舊觀，然即就輯佚所得，鉤稽排纂，而劉向歆父子典校秘書與寫定敘錄之義例，仍可得其大端焉，近世研治劉向校讎之學，其最著者，當推孫德謙與姚名達二人，孫氏撰「劉向校讎學纂微」，共析爲二十三例，稍傷繁蕪，姚氏撰「中國目錄學史」，則分析較爲清晰，茲謹就姚氏所纂述者，略加刪削，臚列於后，以備參稽。

甲、劉向等典校秘書之義例

一、廣羅異本

如管子敘錄云：「臣向言，所校讎中管子書三百八十九篇，大中大夫卜圭書二十七篇，臣富參書四十一篇，射聲校尉立書十一篇，太史書九十六篇，凡中外書五百六十四篇，以校。」又如列子敘錄云：「臣向言，所校中書列子五篇，臣向謹與長社尉臣參校讎，太常書三篇，太史書四篇，臣向書六篇，臣參書二篇，內外書凡二十篇，以校。」則劉向等校書之初，必先廣羅異本，以相比較，不拘一家，乃能擇善以從也。

二、除去複重

異本既備，篇章內容，或有彼此重複者，整齊錯亂，相互補充，乃可以除去複重，如戰國策敘錄云：「臣向言，所校中戰國策書，中書餘卷錯亂相糅呂，又有國別者八篇，少不足，臣向因國別者，略以時次之，分別不以序者，以相補，除複重，得三十三篇。」又如孫卿敘錄云：「臣向言，所校讎中孫卿書，凡三百二十二篇，以相校，除複重二百九十篇，定著三十二篇，皆已定。」可知刪除複重，亦必以各本相互補充爲先也。

三、定著篇次

古書每篇獨立，不相聯繫，甚或原無篇目，更無一定之次序，劉向等人，校書至此，必將零星資料，分類集結，各標篇名，定其次第，如說苑敘錄云：「臣向言，所校中書說苑雜事，及臣向書、民間書，誣校讎，其事類衆多，章句相溷，或上下謬亂，難分別次序，除去與新序複重者，其餘淺薄不中義理，別集以爲百家後，以類相重，一一條別篇目，更以造新事十萬言以上，凡二十篇，七百八十四章，號曰新苑，皆可觀。」其他如孫卿三十二篇，定著勸學第一，至賦篇第三十二，列子八篇，定著天瑞第一，至說符第八，其篇目次序，今日猶可見之，皆此例也。

四、讎校文字

文選魏都賦注引別錄云：「讎校，一人讀書，校其上下，得謬誤爲校，一人持本，一人讀書，若怨家相對，故曰讎也。」蓋訛脫文字，必由讎校，方得改正，如戰國策敍錄云：「本字多誤脫爲半字，以趙爲肖，以齊爲立，如此字者多。」又如列子敍錄云：「或字誤，以盡爲進，以賢爲形，如此者衆，及在新書，有棧校讎，從中書，已定，皆以殺青，可繕寫。」訛脫既已訂補，篇次又已編定，殺青繕寫，而成書可待矣。

五、命定書名

中秘所藏策書，錯亂相糅，有不具書名者，有書名雜出者，校書之時，劉向等往往爲之命定書名，如戰國策敍錄云：「中書本號，或曰國策，或曰國事，或曰短長，或曰事語，或曰長書，或曰修書，臣向以爲，戰國時游士輔所用之國，爲之策謀，宜爲戰國策。」則戰國策一書之名，實劉向爲之命定者也。

上述五事，純屬校讎學之工作，然上古書籍，多以簡策書寫，繫以細絲，日久易散，而各篇單行，分合自由，非經上述五項步驟，書籍無法編爲定本，劉向等人，校書之時，典籍種數，雖不甚多，而重複各本，容量堆積，乃如山丘，故劉向等人，歷時二十餘載，所校書籍，始克分別寫定，撰成目錄也。

乙、劉向等寫定敍錄之義例

校讎既畢，各種典冊，始成定本，爲供學者循覽，取用便捷，劉向乃尋繹作者思想，總撮各書要旨，分別撰爲「敍錄」，茲仍據姚名達氏所分析者，略加刪削，以供參考。

一、著錄書名篇名

如孫卿敍錄，先列「荀卿新書三十二篇」，繼則將荀子篇目，由勸學第一，修身第二，不苟第三，以迄於君子第三十一，賦篇第三十二，依次列出，俾可使讀「敍錄」者，開卷粲然，即於荀卿之書，顧名思義，而已先能得其大略矣。

二、敘述讎校原委

將版本之異同，篇數之多寡，文字之訛謬，簡策之脫略，書名之別稱，舉凡一切有關讎校之原委，以及校書者之姓名，上書之年月，備著於敍錄之中，俾使學者得悉一書寫定之經過也。

三、介紹著者生平

如雅琴趙氏敍錄云：「趙氏者，勃海人趙定也，宣帝時，元康神爵間，丞相奏能鼓琴者，勃海趙定，梁國龍德，皆召入見溫室，使鼓琴，待詔，定爲人尙清靜，少言語，善鼓琴，時閒燕爲散操，多爲之涕泣者。」則知雅琴趙氏之著者，爲一鼓琴專家，其書當有價值，爲治音樂史者所宜參考也。

四、說明書籍主旨

如易傳古五子敘錄云：「分六十四卦，著之日辰，自甲子至於壬子，凡五子，故號曰五子。」世本敘錄云：「古史官，明于古事者之所記也，錄黃帝已來，諸侯及卿大夫系謚名號，凡十五篇，與左氏合也。」周書敘錄云：「周時誥、誓、號令也，蓋孔子所論百篇之餘也。」多能將書中主旨，扼要敘出，使學者展卷而先知書中內容，俾可作取捨之依據也。

五、辨別古書真僞

古籍失傳，往往有僞本冒替，後世著作，有時亦依託古人，劉向等人校書，則已先見及此，如神農敘錄云：「疑李悝及商君所說。」而不信爲神農之言。黃帝泰素敘錄云：「或言韓諸公孫之所作也，言陰陽五行，以爲黃帝之道也，故曰泰素。」而不信爲黃帝之書。周訓敘錄云：「人間小書，其言俗薄。」亦不信爲周代之書。是皆可以使學者洞悉各書之眞僞，而不受僞書之所欺也。

六、評論思想史事

劉向撰寫敘錄，其於書中思想，往往論其價值，而於所載史事，亦往往評其是非，如賈誼敘錄云：「賈誼言三代與秦治亂之意，其論甚美，通達國體，雖古之伊管，未能遠過也，使時見用，功化必大。」此論析思想之例也，又如戰國策敘錄云：「當此之時，秦國最強，諸侯方弱，蘇秦結縱之時，六國爲一，以儐背秦，秦人恐懼，不敢闚兵關中，天下不交兵者二十有九年，然秦國勢便形利，權謀之士，咸先馳之，蘇秦初欲橫，秦弗用，故東合縱，及蘇秦死後，張儀連橫，諸侯聽之，西向事秦，是故始皇因四塞之固，據崤函之阻，跨隴蜀之饒，聽衆人之策，乘六世之烈，以蠶食六國，兼諸侯，并有天下，杖於謀詐之弊，終於信篤之誠，無道德之教，仁義之化，以綴天下之心，任刑罰以爲治，信小術以爲道，遂燔燒詩書，坑殺儒士，上小堯舜，下邈三王，二世愈甚，惠不下施，情不上達，君臣相疑，骨肉相疏，化道淺薄，綱紀壞敗，民不見義，而懸於不寧，撫天下十四歲，天下大潰，詐僞之弊也。」此批評史事之例也。

七、判定書籍價值

如戰國策敘錄云：「皆高才秀士，度時君之所能行，出奇策異智，轉危爲安，運亡爲存，亦可喜，皆可觀。」孫卿敘錄云：「書比於記傳，可以爲法。」管子敘錄云：「凡管子書，務富國安民，道約言要，可以曉合經義。」此皆判定書籍價值之言，可供學者選擇書籍之助也。

敘錄之撰，自著錄書名篇名，以迄於判定書籍價值，蓋已逐漸由校讎之事，蛻化爲目錄之學矣。

第二節　七　略

甲、七略與別錄之異同關係

劉向自漢成帝河平三年（西元前二十六年），校中秘書，時年五十四歲，迄於成帝綏和元年

（西元前八年），而劉向卒，享年七十二歲，校中秘書，適十八年，向卒之後，成帝復使向子歆，領校五經，卒其父業，劉歆於哀帝建平元年（西元前六年），總集群書，而奏其七略，漢書楚元王傳云：

向死後，歆復爲中壘校尉，哀帝即位，復領五經，卒父前業，歆乃集六藝群書，種別爲七略。

漢書藝文志總序云：

會向卒，哀帝復使向子侍中奉車都尉歆卒父業，歆於是總群書而奏其七略，故有輯略、有六藝略、有諸子略、有詩賦略、有兵書略、有術數略、有方技略。

阮孝緒七錄序云：

會向亡，哀帝使歆嗣其前業，乃徙溫室中書於天祿閣上，歆遂總括群篇，奏其七略。

自漢書楚元王傳及藝文志總序所述，知劉歆總集群書，以成七略，自楚元王傳所述「種別」二字，知七略一書，當有分類及子目之設，自七錄序所述，則知劉向等校讎典籍，原在溫室之內，以便校者坐而議論，讎校既畢，乃將圖書，轉而庋藏於天祿閣上，以便於插架而編目也。

阮孝緒七錄序云：「昔劉向校書，輒爲一錄，論其指歸，辨其訛謬，隨竟奏上，皆載在本書，時又別集衆錄，謂之別錄。」是別錄文字，皆出於劉向之手，至於集爲一書，則在當時，有人爲之，而非必出於劉向自身也，至於劉歆七略，則係總集溫室校定之書，而依據劉向、任宏、尹咸、李杜國等校書時之專長分工，而析爲六藝、諸子、詩賦、兵書、數術、方技等六略，進而且「種別」其細目爲三十八類者也，故七略所異於別錄者，一在別錄爲每書敘錄之集結，而七略爲分類之書目，二在別錄所校「經傳」之書，而七略易以爲「六藝」之名，三在別錄無部次衆書之小類，而七略已有三十八種類別之分，四在別錄無輯略之類，而七略已別增輯錄，爲諸書之總要也，五在別錄之目，即爲篇目，而七略之目，乃屬書目，是篇目之用，至於劉歆，已捨棄之矣。然則，別錄撰自劉向，七略成於劉歆，本無疑慮，唯隋書經籍志史部簿錄類中，著錄劉向「七略別錄二十卷」，劉歆「七略七卷」，而姚振宗輯「七略別錄」佚文，乃謂劉向「典校既未及竣事，則別錄亦無由成書，相傳二十卷，殆子駿奏七略之時勒成之，其曰七略別錄者，謂七略之外，別有此一錄也。」則係以別錄爲劉歆所集撰者也，實則，七錄序所謂之「別集衆錄」，乃指於「載在本書」之外，「別」集衆錄，合爲一書，非謂於「七略之外，別有此一錄」也，據此，則別錄乃係劉向奏上各書敘錄之「別」錄，非七略之「別」錄也，而隋書經籍志乃於別錄之上，加冠七略二字，以爲「七略別錄」之名，則不免有所訛誤，且隋書經籍志簿錄類之小序，即已有言，「漢時，劉向別錄，劉歆七略，剖析條流，各有其部」，可見別錄爲劉向所撰，纂隋志者，本已知之，且隋志著錄，「七略別錄」在前，「七略」居後，若七略先成，別錄後出，則不當敘「七略別錄」在「七略」之前矣，由是觀之，別錄者，乃劉向等校書之時，「條其篇目，撮其指意」之衆「錄」，「別」集而成之者也，七略者，乃劉歆取別錄所載，「總括群書」，「撮其指要」，「種別」而成者也。昔者，程會昌氏撰「別錄七略漢志源流異同考」，乃謂「七略成於別錄之先，別錄之名，亦一佳證」，「可知七略不先成，則七略別錄一名，無自來也」，其說實不必然，余亦可謂，別錄成於七略之先，七略之名，亦一佳證，蓋據隋志，七略別錄二十卷，七略七卷，略者，簡要之稱，必先有二十卷之別錄，然後有七卷之七略，可知別錄不先成，則七略之名，無自來也。且劉歆卒其父業，不足兩載，總集群書，由繁刪簡，尚易爲功，由簡轉繁，其事難矣，故別錄二十卷之書，劉向爲之，已十有八年，方成此數，七略七卷，則劉歆據別錄而刪成之，歷時年餘，即可撰成，亦係由彼二書，繁簡之間，有其差異也，至於隋志簿錄類以劉向書作「七略別錄」者，或其抄胥之人，誤加「七略」二字於「別錄」之上，亦未可知，蓋嗣後稱引，如孔穎達、賈公彥等之五經正義，裴駰之史記集解，司馬貞之史記索隱，顏師古之漢書注，章懷太子之後漢書注，皆作「劉向別錄」，絕不稱「七略別錄」者，亦可佐證隋志作「七略別錄」，委實有誤，而程會昌乃謂，「歷來稱引，則簡稱別錄者爲多」，其說實不可信。

要之，別錄之「錄」，本隨竟奏上，皆附在本書之首，故其敘述，即以該書爲主，方之後世，亦如四庫全書中每一書前之提要而已，及每書修成，乃將每書提要，另行錄副，以成「四庫提要」也，故別錄之「別」，乃對於隨竟奏上之「錄」而言，非針對七略而言者也。至於七略，則據劉向所奏衆錄爲主，刪去繁文，唯以分類見學術之流布，其所敘述，實以學術流布之全體爲主，故刪約衆錄，僅存其要，又爲每類各撰序文，以章明一家一派之源流，而皆入之輯略之中，方之後世，即「四庫提要」各類書前之小序，而七略一書，即「四庫簡明目錄」之匹儔也。總之，別錄分爲六類，仍是校書專長之分工，而七略之六大略及三十八小類，則已屬於圖書分類之所有事矣，故劉向別錄所從事者，仍爲校讎之學，而劉歆七略，有大類，有細目，有小序，實已屬於目錄學之範疇矣。唯此章所述，仍名「校讎」者，蓋既由劉向等校書之最艱難工作言之，亦且從向歆父子所撰成之別錄七略淵源而言之也。

乙、劉歆分類編目之義例

漢書藝文志總序云：「會向卒，哀帝復使向子侍中奉車都尉歆卒父業，歆於是總群書而奏其七略，故有輯略，有六藝略，有諸子略，有詩賦略，有兵書略，有數術略，有方技略，今刪其要，以備篇籍。」是漢書藝文志，實即刪自七略而成者也，今七略雖亡，猶可自藝文志中，而窺知七略之面貌，益之以馬國翰、姚振宗等所輯七略之佚文，仍可推知七略之大要，茲謹本姚名達氏所纂輯者，略加刪汰，以見劉歆分類編目之義例焉。

一、依學術之性質分類

先據別錄之校書分工，將書籍分爲六大類，再將六大類區分爲三十八種小類，其系統如下：

六藝略：分易、書、詩、禮、樂、春秋、論語、孝經、小學九種。

諸子略：分儒、道、陰陽、法、名、縱橫、雜、農、小說十種。

詩賦略：分屈原等賦、陸賈等賦、孫卿等賦、雜賦、歌詩五種。

兵書略：分權謀、形勢、陰陽、技巧四種。

數術略：分天文、曆數、五行、蓍龜、雜占、形法六種。

方技略：分醫經、經方、房中、神仙四種。

二、同類中依思想體裁分派

例如詩賦略中分屈原等二十家爲一類，陸賈等二十一家爲一類，孫卿等二十五家爲一類，又雜賦、歌詩，各爲一類，當是各類思想或體裁有異，方始分別爲類也。

三、書少不能成類者，附入性質相近之類

如六藝略春秋類末，附入國語、世本、戰國策、楚漢春秋、太史公、漢著記、漢大年記等，蓋以秦火之後，六國寶書，掃地以盡，向歆校書之時，史書過少，以其性質，與春秋相近，乃即附入於春秋類之末也。

四、書多能自成一類者，可獨立成類

如詩賦略中各書，其性質與六藝略中詩類相近，劉歆不爲附入詩類之末，以其書籍繁多，作者代出，乃於六藝略外，別立詩賦一略，以收詩賦諸書也。

五、摘錄敘錄要旨，以為解題

七略以略爲名，自不能如別錄之總集衆錄，敘述詳多，故其書目之下，所存解題，不過删取別錄要旨，皆戔戔數語而已，試舉佚文為例，「馮商，陽陵人，治易，事五鹿充宗，後事劉向，能屬文，後與孟都同待詔，頗序列傳，未卒，會病死」（見漢志注及漢書張湯傳注引），此明作者生平也，「甘泉賦，永始三年，待詔臣雄上」（見文選甘泉賦注引），此明著作年月也，「孝武皇帝末，有人得泰誓於壁中者，獻之，與博士，使讚說之，因傳以教，今泰誓是也」（見尚書正義引），此明書籍來源也。

六、有書目而無篇目

別錄詳而七略略，除刪取敘錄外，又略去篇目，否則不能縮二十卷為七卷矣，且劉歆撰述七略之時，別錄尚存，七略義取簡略，欲明其詳，則當求之於別錄本身，故七略中書，僅有書目而無篇目也。

七、每類後有小序，每略後有大序

七略每類之後，各有小序，敘述一家一派學術之宗旨與流變，六藝略中諸小序，多偏重於經學之傳授，諸子略中諸小序，則偏重於評析思想之優劣，詩賦略中，雖分為五類，獨無小序，兵書略中諸小序，文字甚簡，數術方技二略中之諸小序，則近似諸子略，評騭是非而已。又七略中每略之後，皆有大序一篇，如六藝略序云：「六藝之文，樂以和神，仁之表也，詩以正言，義之用也，禮以明體，明者著見，故無訓也，書以廣聽，知之術也，春秋以斷事，信之符也，五者，蓋五常之道，相須而備，而易為之原。」此皆通釋六藝之用也。又每類每略之後，皆條其大凡，計其家數與卷數，如六略後云：「大凡書，六略三十八種，五百九十六家，萬三千二百六十九卷。」此即示人以家數卷數也。

唯七略之中，有輯略一篇，今漢書藝文志中，僅存六略，而無輯略，章學誠謂輯略所載，「蓋劉氏討論群書之旨，此最爲明道之要」（見校讎通義），惜乎爲班氏刪之也，姚振宗以爲，「輯略即六略之總最，而志但載六略，不及輯略，蓋輯略亦析入六略中」（見七略佚文序），余嘉錫亦云：「劉歆嗣父之業，部次群書，分爲六略，又敘各家之源流利弊，總爲一篇，謂之輯略，以當發凡起例，班固就七略刪取其要，以爲藝文志，因散輯略之文，分載各類之後，以便觀覽，後之學者，不知其然，以爲七略只存其六，其實輯略之原文具在也。」（見目錄學發微）余謂姚氏余氏之說，亦差近是，然猶未也，漢書藝文志總序有云：「歆於是總群書而奏其七略，故有輯略。」顏師古注云：「輯與集同，謂諸書之總要。」阮孝緒七錄序亦云：「子歆撮其指要，著爲七略，其一篇即六篇之總最，故以輯略爲名。」今案七略書中，於每類之後有小序，每略之後有大序，而六略之前有總序，小序明一類之源流，大序明一略之源流，皆不得稱之爲「諸書之總要」，亦不得稱之爲「六篇之總最」，唯取總序一篇，益之以六略與三十八類之略目類目，始可以稱之爲「諸書之總要」與「六篇之總最」，始可以符合輯略之舊觀者，及至班固，刪七略七卷爲漢志一卷，略目類目既非必要，乃約取輯略總序之文，以爲漢志總序，而於總序之末，益之以「今刪其要，以備篇籍」等言，似此推斷，或可不甚謬於故實也。

第三章 史志

第一節 漢書藝文志

漢書藝文志爲現存最早之史志目錄，漢書藝文志總序云：

歆於是總群書而奏其七略，故有輯略，有六藝略，有諸子略，有詩賦略，有兵書略，有數術略，有方技略，今刪其要，以備篇籍。

阮孝緒七錄序亦云：

又於東觀及仁壽閣，撰集新說，校書郎班固傅毅，並典祕籍，固乃因七略之辭，爲漢書藝文志。

班固撰修漢書，以記西漢史事，書凡百卷，其於藝文一志，乃刪取七略旨要，以備一代之篇籍，故藝文之志，爲書僅有一卷，較諸劉向別錄，劉歆七略，特爲簡省，蓋向歆父子，撰集目錄，以辨章學術爲主，不憚反覆推詳，故其爲書，或二十卷，或爲七略，班固藝文志，特漢書之一卷耳，所佔不過百中之一，篇幅自不宜過鉅，其於一代藝文，亦示人厓略止耳，是必要言而不煩，此所以向歆父子爲專家校書之業，而班孟堅僅得爲史志目錄之始也。然而，別錄七略之書，亡佚已久，班固藝文之志，則附漢書而獨存，七略源自別錄，漢書删自七略，則自漢志之中，可以窺測七略之原狀，更由七略之中，可以想見別錄之面貌也，則班固藝文一志，雖係述而不作，其於推知我國目錄之原始，記載古代學術之庢略，爲功後世，豈淺鮮哉？昔者，章學誠氏嘗云：「藝文一志，實爲學術之宗，明道之要。」（見校讎通義）金榜亦云：「不通漢書藝文志，不可以讀天下書，藝文志者，學問之眉目，著述之門戶也。」（見王鳴盛十七史商榷卷三十二引）所言皆爲實錄，蓋漢書藝文志不僅爲現存最早之史志目錄，亦爲現存最早且最完整無缺之目錄專著，自漢代以下，不僅歷代史志目錄，體制多仿自漢志，即使其他目錄書籍，亦多受漢志體制之影響焉。

漢書藝文志删自七略，故漢志分類體制，大體皆與七略相同，然亦間有漢志與七略不相同者，茲據孫德謙漢書藝文志舉例與張舜徽漢書藝文志釋例，加以删汰，而枚舉漢書藝文志之義例如下：

一、稱出入例

班固漢志自注，有言出入之例，蓋以七略著錄，門類或有不當，而班氏爲之重加釐定者，如諸子略雜家注云：「出蹴鞠，入兵法。（出蹴鞠三字，今本無，依陶憲曾說補）」兵書略技巧家注云：「入蹴鞠也。」又如兵書略權謀家注云：「出司馬法，入禮也。」六藝略禮類注云：「入司馬法一家，百五十五篇。」此皆言出言入而彼此相應者也。班氏又有僅言入，而不言出者，則係七略之外，班氏所新入之書也，如六藝略書類注云：「入劉向稽疑一篇。」小學類注云：「入楊雄、杜林二家三篇。」諸子略儒家注云：「入楊雄一家三十八篇。」詩賦略注云：「入楊雄八篇。」此皆班氏所新增入之書也。

二、稱省例

漢志又有言省之例，如六藝略春秋類注云：「省太史公四篇。」兵書略權謀家注云：「省伊尹、太公、管子、孫卿子、鶡冠子、蘇子、蒯通、陸賈、淮南王二百五十九種。（劉奉世云：「省伊種，當作重，九下又脫一篇字，注二百五十九，恐合作五百二十一。」）此亦漢志刪省七略之書，而與七略不同之處也。

三、稱所加例

漢志又有稱所加之例，如諸子略小說家鬻子十篇注云：「後世所加。」又如道家太公二百三十七篇注云：「呂望爲周師尙父，本有道者，或有近世又以爲太公術者所增加也。」是則書有後世所增加附益者，亦當別而白之，加以錄出也。

四、稱時稱並時例

漢者班固自注，於作者一項，往往明標時世，以爲知人論世之助，如六藝略禮類有封禪議對十九篇，注云：「武帝時也。」諸子略道家有雜黃帝五十八篇，注云：「六國時賢者所作。」墨家有尹佚二篇，注云：「周臣，在成康時也。」農家有野老十七篇，注云：「六國時，在齊楚間。」此皆明標時世之例也。而班氏於人事之不可考者，往往又有稱並時同時之例，皆據世所共知之人，以定作者之時世，如諸子略道家有文子九篇，注云：「老子弟子，與孔子並時。」老萊子十六篇，注云：「楚人，與孔子同時。」名家有鄧析二篇，注云：「鄭人，與子產並時。」惠施一篇，注云：「名施，與莊子同時。」此皆稱並時同時之例也。班氏又有稱先後之例，亦可併入此條論之，如諸子略道家有列子，注云：「名圄寇，先莊子，莊子稱之。」法家有愼子，注云：「名到，先申韓，申韓稱之。」名家有尹文子，注云：「說齊宣王，先公孫龍。」此皆稱先後之例也。

五、稱依託例

漢志所載之書，有疑其僞造，而班固即加注依託之例，如兵書略陰陽類有封胡五篇，注云：「黃帝臣，依託也。」諸子略小說家有伊尹說二十七篇，注云：「其語淺薄，似依託也。」又有務成子十一篇，注云：「稱堯問，非古語。」道家有力牧二篇，注云：「六國時所作，託之力牧，力牧，黃帝相。」農家有神農二十篇，注云：「六國時諸子疾時怠於農業，道耕農事，託之神農。」雜家有孔甲盤盂二十六篇，注云：「黃帝之史，或曰夏帝孔甲，似皆非。」此皆書有疑似，故稱依託之例也。

六、書有傳例

目錄專著，於所收書籍作者，多有敘錄，以明其生平里居職官等等，俾供讀者有所參稽，而史志目錄，則異於是，所加注語，意取簡要，故於史書中有列傳者，往往但書有傳而已，漢志諸子略於儒家晏子、孟子、孫卿子、魯仲連子、道家管子、法家商君，縱橫家蘇子、張子，詩賦略於屈原，兵書略於權謀類吳起，形勢類魏公子，皆注云：「有列傳。」顏師古注云：「有列傳者，謂太史公書。」是故史志目錄，於史書中有專傳者，僅注此「有列傳」三字，治其書者，自可參證史書，而不必多加詳論，以節省篇幅也。

七、尊師承例

漢儒最重師承，班氏亦甚知之，不特儒林一傳，敘經學授受，以見師法，即藝文志中，其人師事某某，亦必加以記載，如六藝略易類蔡公二篇，注云：「衛人，事周王孫。」禮類記百三十一篇，注云：「七十子後學所記也。」諸子略儒家曾子十八篇，注云：「名參，孔子弟子。」世子二十一篇，注云：「名碩，陳人也，七十子之弟子。」李克七篇，注云：「子夏弟子。」孟子十五篇，注云：「子思弟子。」道家文子九篇，蜎子十三篇，注並云：「老子弟子。」墨家隨巢子六篇，胡非子三篇，注並云：「墨翟弟子。」此皆標明師承授受所自，以見學術源流者也。

班固漢書藝文志，既屬刪自七略，則漢志體例，實多同於七略，此不待言，然而漢志體例，亦有與七略不相同者，上述漢志義例，其第一、第二、第三各條，即班固自爲之例，而不與七略相同者，其他各例，面貌雖與七略不同，然班注內容，或多約簡七略而來，則是班注內容，仍與七略有關，此則七略久佚，難以詳究者也。

漢書藝文志傳世既久，後代頗有爲之考訂及注釋者，宋代王應麟有漢書藝文志考證之作，清代姚振宗有漢書藝文志條理，蒐羅頗富，姚氏又有漢書藝文志拾補，蒐集班氏未收之書，王先謙有漢書藝文志補注，李笠有漢書藝文志彙注箋評，劉光蕡有漢書藝文志注，李賡芸有漢書藝文志考誤，至於近世，姚明暉有漢書藝文志姚氏學，顧實有漢書藝文志講疏，陳國慶有漢書藝文志注釋彙編，葉長青有漢書藝文志答問，施之勉有漢書藝文志集釋，孫德謙有漢書藝文志舉例，張舜徽有漢書藝文志釋例、漢書藝文志通釋，皆屬研究漢志之作，各有所見，足供參考者也。

第二節　隋書經籍志

漢書藝文志以後，言史志目錄者，唯隋書經籍志之作，可相並轡，且自隋志釐定四部，歷代承襲，迄今不廢，是以繼往開來，隋志於目錄學之沿革上，委實具有特殊之地位焉。

唐太宗貞觀三年，詔魏徵等撰修隋史，十五年，又詔于志寧、李淳風、韋安仁、李延壽、令狐德棻等撰修梁陳齊周隋等五代史志，顯慶元年，長孫無忌等上之，乃附入隋書，稱爲隋志，故隋書經籍志，收錄五代以上典籍，其分類部次，亦上有所承也。

自兩漢以降，迄於魏晉，典籍浸多，魏秘書郎鄭默，始制中經，晉秘書監荀勗，更著新薄，皆以四部別之，甲部以紀六藝，乙部以紀諸子，丙部以紀史事，丁部以紀詩賦。及晉著作郎李充，撰爲晉元帝書目，因荀勗四部，易其乙丙之書，而隋志承之，四部之次第，於是定焉。自南北朝以降，官修目錄，多以四部爲準，然而宋之王儉，梁之阮孝緒，隋之許善心，乃上追七略，而別撰七志、七錄、七林，部次圖書，並以七分爲主，而阮孝緒之七錄，尤具條理，所錄部次，一曰經典錄，以紀六藝，二曰紀傳錄，以紀史傳，三曰子兵錄，以紀諸子兵書，四曰文集錄，以紀詩賦，五曰技術錄，以紀數術，總上五錄，謂之內篇，六曰佛錄，七曰道錄，此二錄也，謂之外篇，就其內篇所分，隋志承之，而「經、史、子、集」之類名出焉，是以四部分類，至於隋志，方始正式確立也。

隋書經籍志總序有云：「遠覽馬史班書，近觀王阮志錄，挹其風流體制，削其浮雜鄙俚，離其疏遠，合其近密，約文緒義，凡五十五篇，各列本條之下，以備經籍志。」七錄之體，本上規七略，然而就此觀之，則隋書經籍志之分爲四部，雖則貌似荀李，論其實質，斯誠劉阮之嫡脈相傳者也。隋書經籍志之類目如下：

經部：分易、書、詩、禮、樂、春秋、孝經、論語、緯讖、小學十類。

史部：分正史、古史、雜史、霸史、起居注、舊事、職官、儀注、刑法、雜傳、地理、譜系、簿錄十三類。

子部：分儒、道、法、名、墨、縱橫、雜、農、小說、兵、天文、曆數、五行、醫方十類。

集部：分楚辭、別集、總集三類。

試取隋志而與七略、漢志之分類，大略比較，其異同如下：

(一)隋志改七略漢志之六藝略爲經部，改諸子略爲子部，而以兵書、數術、方技三略併入子部，改詩賦略爲集部。

(二)隋志將七略漢志附入六藝略春秋類末之史書提出，另立史部。

(三)隋志經部較七略漢志六藝略多一緯讖類。

(四)隋志子部較漢志諸子略少一陰陽家。

(五)隋志集部分爲三類，較七略漢志詩賦略少二類。

隋志編目，亦如漢志，首列總序，每部之末，各有大序，每類之後，各有小序，以敘述學術流別與典籍聚散，每部每類之後，結以部卷之數，至於隋志體例，亦有與漢志不同者，茲謹略事枚舉，簡列如下：

一、記書中起訖例

隋志於書中起訖，往往於夾注之中，加以記錄，如史部正史類東觀漢記一百四十三卷下注云：「起光武記注至靈帝。」晉中興書七十八卷下注云：「起東晉。」通史四百八十卷下注云：「起三皇，訖梁。」雜史類漢皇德記三十卷下注云：「起光武，至沖帝。」洞記四卷下注云：「記庖犧以來，至漢建安二十七年。」十五代略四卷下注云：「記庖犧以來，至晉。」而此類例證，又以史部爲多。

二、敘故書稱有例

錢大昕隋書考異云：「阮孝緒七錄撰於梁普通中，志所云梁有者，阮氏書也。」如經部詩類毛詩大義十一卷下注云：「梁武帝撰。梁有毛詩十五國風義二十卷，梁簡文帝撰。」禮類石渠禮論四卷下注云：「戴聖撰。梁有群儒疑義十二卷，戴聖撰。」春秋類春秋釋例十卷下注云：「漢公車徵士穎容撰。梁有春秋左氏傳條例九卷，漢大司農鄭衆撰。」此皆注明梁有之例，而其書皆阮孝緒七錄中所嘗著錄者也。

三、分別存亡殘缺例

書有殘缺亡佚者，爲便於後人考究，乃附注於約略相關之書名以下，隋志中此例實多，如子部醫方類張仲景方十五卷下注云：「仲景，後漢人。梁有黃素藥方三十五卷，亡。」經部易類周易二卷下注云：「魏文侯師卜子夏傳，殘缺，梁六卷。」史部正史類晉書二十六卷下注云：「本四十四卷，訖明帝，今殘缺，晉散騎常侍虞預撰。」皆此例也。

四、稱僞例

隋志史部霸史類小序云：「自晉永嘉之亂，皇綱失馭，九州君長，據有中原者甚衆，或推奉正朔，或假名竊號。」故自晉永嘉以迄宋元嘉之間，五胡擾亂中華，割地僭號者，共十六國，及唐修隋書，則並以僞字稱之，如史部雜史類拾遺錄二卷下注云：「僞秦姚萇方士王子年撰。」霸史類燕書二十卷下注云：「記慕容儁事，僞燕尚書范亨撰。」涼記八卷下注云：「記張軌事，僞燕右僕射張諮撰。」凡此，皆是貶其竊號僭立者也，故劉昫等撰唐書經籍志，遂逕易隋志「霸史」之名，而改以「僞史」稱之也。

五、僧人著作稱釋例

佛姓釋迦，而學佛爲比丘者，亦稱爲釋，隋志於僧人著作，撰人姓名之上，咸冠以釋字，以資識別，如經部小學類韻英三卷下注云：「釋靜洪撰。」史部雜傳類高僧傳十四卷下注云：「釋僧祐撰。」子部道家老子道德經二卷下注云：「劉仲融注。老子道德經二卷，釋惠琳注。老子道德經二卷，釋惠嚴撰。」又如史部地理類佛國記一卷下注云：「沙門釋法顯撰。」沙門者，出家修道者之稱，亦僧人稱釋之類也。

六、稱疑稱似例

隋志之注，於書中意有所疑，不能遽定者，則多稱疑稱似，亦不知蓋闕之義也，如經部孝經類古文孝經一卷下注云：「孔安國傳，梁末亡逸，今疑非古本。」史部雜傳類周書十卷下注云：「汲冢書，似仲尼删書之餘。」此皆懷疑書之內容也，又如子部儒家公孫尼子一卷下注云：「尼似孔子弟子。」道家廣成子十三卷下注云：「商洛公撰，張太衡注，疑近人作。」此則懷疑作者之眞僞也。

七、通計亡書例

隋志自注，每云「梁有某書若干卷，今亡。」或云「今殘缺。」其每類每部後之通計，亦必於存書總數之外，另注存亡合計之總數，如經部書類末三十二部，二百四十七卷下注云：「通計亡書，合四十一部，共二百九十六卷。」子部儒家末六十二部，五百三十卷下注云：「通計亡書，合六十七部，六百九卷。」史部末八百一十七部，一萬三千二百六十四卷下注云：「通計亡書，合八百七十四部，一萬六千五百五十八卷。」皆其例也。

隋書經籍志爲漢書藝文志以後，現存最早之史志目錄，著錄經史子集及道佛典籍共六千五百二十部，五萬六千八百八十一卷，數量浩繁，其重要性，無庸贅言，後世研究隋志者，雖不如漢志之多，仍有不少著作，如章宗源有隋書經籍志考證十三卷，姚振宗有隋書經籍志考證五十二卷，張鵬一有隋書經籍志補二卷，楊守敬有隋書經籍志補證四卷，胡楚生有隋書經籍志總序箋證一卷、隋書經籍志述例一卷，許鳴鏘有隋書經籍志研究之作，皆屬可供參考者也。

第三節　兩唐書經籍藝文志

自隋書經籍志確立四部分類以後，後世史志，無不尊爲定法，然而隋志遠溯漢志，每類之後，均有小序，每部之後，復有大序，以爲辨章學術，考鏡源流之助，而舊唐書經籍志以下各史志，僅爲著錄書名、卷數、作者，不錄大序小序，誠未免有捐棄菁華，專務糟粕之譏也。

唐玄宗開元三年，下詔校理藏書，由散騎常侍馬懷素、儲无量主其事，事未就，而懷素、无量卒，玄宗乃詔弘文館學士元行沖繼其事，行沖乃與殷啓猷、王愜、韋述、金欽、毌煚、劉彥眞、王灣、劉重等人，撰成群書四部錄凡二百卷奏上，此書收錄書籍二千六百五十五部，凡四萬八千一百六十九卷，且每書多有解題，每類亦有小序，然經安史之亂，圖書散亡殆盡，目錄亦已不傳。

群書四部錄奏上之後，毋煚即致其不滿之意，以爲成書過於倉促，體例事理，均有未安，乃即以群書四部錄爲本，針對缺失，加以增刪，而成古今書錄四十卷，著錄書籍共三千六十部，五萬一千八百五十二卷，又收集佛家經律論疏，道家經戒符籙，凡二千五百餘部，九千五百餘卷，名爲開元釋教錄，其古今書錄四十卷，較之群書四部錄，份量雖僅及五分之一，然著錄圖書種數，則與之相當，蓋刪卻各書之序跋，而撮其要旨，以爲簡明之解題也，古今書錄四十卷，晁公武郡齋讀書志已不著錄，大約亡於北宋末年，然而劉昫所撰修之舊唐書經籍志，即本於古今書錄而來，故於舊唐志中，猶可窺見毋煚古今書錄之面貌也。

舊唐書經籍志二卷，劉昫撰，其序有云：「煚等四部目及釋道目，並有小序及注撰人姓氏，卷軸繁多，今併略之，但紀篇部，以表我朝文物之大。」是舊唐書經籍志本於古今書錄，而刪其小序及書下小注，故遂簡略古今書錄四十卷爲二卷也，方之漢代，則群書四部錄、古今書錄、舊唐書經籍志之關係，即別錄、七略、漢書藝文志三者之關係也，舊唐書經籍志序又云：「天寶以後，名公各著文篇，儒者多有撰述，或記禮法之沿革，或裁國史之繁略，皆張部類，其徒實繁，臣以後出之書，在開元四部之外，不欲雜其本部，今據所聞，附撰人等傳，其諸公文集，亦見本傳，此並不錄。」是則如李白、杜甫、韓愈、柳宗元等之文學名家，其文集皆未能見之於舊唐書經籍志中矣，茲將其分類錄出如下：

甲部經錄：分易、書、詩、禮、樂、春秋、孝經、論語、讖緯、經解、詁訓、小學十二類。

乙部史錄：分正史、編年、僞史、起居注、故事、職官、雜傳、儀注、刑法、目錄、譜牒、地理十三類。

丙部子錄：分儒、道、法、名、墨、縱橫、雜、農、小說、天文、曆算、兵書、五行、雜藝術、事類、經脈、醫術十七家。

丁部集類：分楚辭、別集、總集三類。

如以舊唐書經籍志與隋書經籍志略作比較，可得異同如下：

(一)隋志每類後有小序，每部後有大序，舊唐志皆付闕如。

(二)舊唐志經部多經解、詁訓二類，此爲隋志所無，然究其實，經解附讖緯末，詁訓置小學類前，實亦未嘗獨立也。

(三)舊唐志易隋志史部之古史爲編年，霸史爲僞史，譜系爲譜牒，簿錄爲目錄。

(四)隋志子部分十四家，舊唐志多三家，蓋析醫方爲經脈，醫術，又自雜家析出類書，立爲事類。

新唐書藝文志四卷，歐陽修撰，此志乃係根據舊唐書經籍志，另加著錄唐代學者自撰之書，凡二萬八千四百六十九卷而成，故是書所著錄者，多至八萬二千三百八十四卷，可謂鉅矣，新唐志之分類如下：

甲部經錄：分易、書、詩、禮、樂、春秋、孝經、論語、讖緯、經解、小學十一類。

乙部史錄：分正史、編年、僞史、雜史、起居注、故事、職官、雜傳記、儀注、刑法、目錄、譜牒、地理十三類。

丙部子錄：分儒、道、法、名、墨、縱橫、雜、農、小說、天文、曆算、兵書、五行、雜藝術、類書、明堂經脈、醫術十七類。

丁部集類：分楚辭、別集、總集三類。

試以新唐志與舊唐志兩相比較，則其異同如下：

㈠新唐志每類後無小序，每部後無大序，與舊唐志相同。

㈡新唐志經部分爲十一類，較舊唐志少一詁訓類，如爾雅等書，均列於小學類之首。

㈢新唐志易舊唐志之事類爲類書，於經脈上冠「明堂」二字。

此新舊唐志分類相同及相異之處。至於新唐志較之舊唐志，增列唐人著作二萬七千一百二十七卷，又於別集類中，凡兩唐書未立列傳之作者，詳注其邑里行事，足補兩唐書列傳之不備，則是新唐志體例之佳處，而新唐志於每一類目之中，分「著錄」與「不著錄」兩項，「著錄」指古今書錄原有之書，「不著錄」指新唐志所增之唐人著作，此一分別，頗爲清晰，亦甚可取。

第四節　宋史與明史之藝文志

宋史藝文志八卷，元脫脫撰，其自序云：「宋舊史，自太祖至寧宗，爲書凡四，志藝文者，前後部帙，有亡增損，互有異同，今刪其重複，合爲一志，益以寧宗以後史之所未錄者，倣前史分經史子集四類，而條別之，大凡爲書九千八百十九部，十一萬九千九百七十二卷。」宋史藝文志所據以成書之四部藝文志如下：

㈠呂夷簡等所纂修之太祖、太宗、眞宗三朝國史藝文志。

㈡王珪等所纂修之仁宗、英宗兩朝國史藝文志。

㈢李燾等所纂修之神宗、哲宗、徽宗、欽宗四朝國史藝文志。

㈣淳祐間所纂修之高宗、孝宗、光宗、寧宗中興四朝藝文志。

元人所修宋史藝文志，依據上述四書，去其重複，並增加寧宗以後之書，加以編成，書前有總序，然書名下無解題，每類後無小序，其類目如下：

經部：分易、書、詩、禮、樂、春秋、孝經、論語、經解、小學十類。

史部：分正史、編年、別史、史鈔、故事、職官、傳記、儀注、刑法、目錄、譜牒、地理、霸史十三類。

子部：分儒、道、法、名、墨、縱橫、農、雜、小說、天文、五行、蓍龜、曆算、兵書、雜藝術、事類、醫書十七類。

集部：分楚辭、別集、總集、文史四類。

試取宋史藝文志之類目，而與新唐書藝文志作一比較，其異同如下：

(一)新唐志經部分十一類，宋志則刪讖緯而爲十類，蓋以緯書多已亡佚，僅存易緯，併入易類之中也。

(二)宋志史部無起居注類，而多史鈔一類，起居注及實錄之書，併入編年類中。

(三)宋志史部改新唐志僞史類爲霸史類，又復隋書經籍志之舊稱矣。

(四)宋志史部改新唐志雜史類爲別史類，又改新唐志雜傳記類爲傳記類。

(五)宋志併新唐志明堂經脈類與醫術類爲醫書類，又獨立蓍龜類，而不附於五行類中，又改新唐志類書類爲類事類。

(六)宋志集部較新唐志多一文史類，收詩文評及史評之書。

明史藝文志四卷，清張廷玉撰，張氏史志，實據王鴻緒明史稿而來，而王氏明史稿中之藝文志，則又根據黃虞稷千頃堂書目而成，黃氏書目，意在集錄明代之藝文，故凡宋志以前所錄之古籍，悉屛不收，但爲彌補宋志之遺漏，且因遼金元三史無藝文志，故於每類所列明人著作之後，附錄宋末及三代書目，至王鴻緒撰明史稿，乃取千頃堂書目，而刪其所附宋遼金元人著作，張廷玉又採王氏書目而爲明史藝文志，僅錄明人著作，其餘逕行刊落，而著錄體裁，遂大異於前此之漢隋唐宋之藝文經籍諸志矣，明史藝文志之類目如下：

經部：分易、書、詩、禮、樂、春秋、孝經、諸經、四書、小學十類。

史部：分正史（編年在內）、雜史、史鈔、故事、職官、儀注、刑法、傳記、地理、譜牒十類。

子部：分儒、雜（名法在內）、農、小說、兵書、天文、曆數、五行、藝術（醫書在內）、類書、道、釋十二家。

集部：分別集、總集、文史三類。

試取明史藝文志，與宋史藝文志略作比較，則其異同，大約如下：

㈠明志經部無論語類、經解類，而有四書類、諸經類。

㈡宋志史部，分爲十三類，明志併編年類於正史類，又刪目錄、霸史兩類，故僅有十類。

㈢宋志子部，分爲十七類，而明志以法、名、墨、縱橫四家之書，悉附雜家，以蓍龜入五行，附醫書於藝術，另立道家、釋家兩類，故僅有十二類。

㈣明志集部刪楚辭類，故僅有三類。

以上所述，則是明史藝文志之大略也。

第五節　歷代史志之補撰

正史之中，除西漢、隋、唐、宋、明各史，有經籍藝文志外，其他正史，皆無專志，以記藝文，是以後世學者，多爲之撰寫補志，迄於今日，所有正史，亦大略齊備，其有裨於學術之研究者，必不在小也。

夫東漢一朝，著述甚富，惜遭漢末董卓之亂，獻帝西遷，圖書縑帛，士卒取爲帷囊，一時典籍，焚燙殆盡，梁阮孝緒七錄序云：「其後有著述者，袁山松亦錄在其書。」其古今書最，亦著錄袁山松後漢藝文志，惜袁氏之書，經已亡佚，清代學者，爲撰補志者甚多，厲鶚有後漢藝文志，錢大昭有補續漢書藝文志，侯康有補後漢書藝文志，顧懷三有補後漢書藝文志，姚振宗有後漢藝文志，曾樸有補後漢書藝文志，其中以姚振宗氏所纂修者，收集圖書，多逾千種，最爲完備。

補三國史志者，侯康有補三國藝文志，僅成子部小說家以前，姚振宗有補三國藝文志，著錄之書，至一千一百二十二部。

補晉代史志者，吳士鑑有補晉書經籍志，丁國鈞、秦榮光、黃逢元、文廷式各有補晉史藝文志。

補南北朝史志者，徐崇有補南北史藝文志，聶崇歧有補宋書藝文志，陳述有補南齊書藝文志，李雲光有補梁書藝文志，楊壽彭有補陳書藝文志，賴炎元有補魏書藝文志，李正奮有補後魏書藝文志，蒙傳銘有補北齊書藝文志，王忠林有補北周藝文志。

補五代史志者，顧懷三有補五代史藝文志，宋祖駿有補五代史藝文志。

補遼金元史志者，盧文弨有補遼金元史藝文志，金門詔有補三史藝文志，王仁俊有遼史藝文志補證，黃任恆有補遼史藝文志，繆荃孫有遼藝文志，鄭文焯有金史補藝文志，孫德謙有金史藝文略，錢大昕有補元史藝文志，何佑森有元史藝文志補注，王仁俊有西夏藝文志。

爲清史撰藝文志者，朱師轍等有清史藝文志，彭國棟有重修清史藝文志。

若能取上述諸書，合之於漢唐宋明代史志，互爲排比，各歸其類，則於歷代典籍之聚散，古今學術之流變，皆可得其大略矣。

第四章 官簿

第一節 中經新簿與晉元帝書目

目錄之書，有奉帝王詔令而修撰者，是爲官簿，阮孝緒七錄序云：

魏晉之世，文籍愈廣，皆藏在秘書中外三閣，魏秘書郎鄭默，刪定舊文，時之論者，謂爲朱紫有別。

隋書經籍志總序云：

魏氏代漢，采掇遺亡，藏在秘書中外三閣，魏秘書郎鄭默，始制中經。

初學記卷十二引王隱晉書云：

鄭默字思元，爲秘書郎，刪省舊文，除其浮穢，著魏中經簿，中書令虞松謂默曰：「而今而後，朱紫別矣。」

鄭默中經，世無傳本，其所分類，不得而詳，以荀勖新簿因襲中經而言，鄭默之書，或當以四部爲分類也，阮孝緒七錄序云：

晉領秘書監荀勗，因魏中經，更撰新簿，雖分爲十有餘卷，而總以四部別之。

隋書經籍志總序云：

秘書監荀勗，又因中經，更著新簿，分爲四部，總括群書。

晉書荀勗傳云：

荀勗字公曾，穎川穎陰人，領秘書監，及得汲郡冢中古文竹書，詔勗撰次之，以爲中經，列在秘書。

根據隋書經籍志所記，荀氏新簿之類別如下：

甲部：紀六藝及小學等書。

乙部：有古諸子家、近世子家、兵書兵家、術數。

丙部：有史記、舊事、皇覽簿、雜事。

丁部：有詩、賦、圖贊、汲冢書。

約略言之，荀勗新薄，甲部紀經，乙部紀子，丙部紀史，丁部紀集，唯其時尙無類別之稱，而皆以甲乙丙丁紀其次第而已，廣弘明集卷三引古今書最載「晉中經簿四部書，一千八百八十五部，二萬九百三十五卷」，是其書之份量，實不在少也，阮孝緒七錄序云：

惠懷之亂，其書略盡，江左草創，十不一存，後雖鳩集，淆亂已甚，及著作郎李充，始加刪正，因荀勗舊簿四部之法，而換其乙丙之書，沒略眾篇之名，總以甲乙爲次。

隋書經籍志總序云：

惠懷之亂，京華蕩覆，渠閣文籍，靡有孑遺，東晉之初，漸更鳩集，著作郎李充，以勗舊簿校之，其見存者，但有三千一十四卷，充遂總沒眾篇之名，但以甲乙爲次。

晉書李充傳云：

李充字弘度，江夏人，爲大著作郎，于時典籍混亂，充刪除煩重，以類相從，分爲四部，甚有條貫，秘閣以爲永制。

今據古今書最所載「晉元帝書目四部，三百五帙，三千一十四卷」考之，則李充所編目錄，即晉元帝書目無疑，然其與荀勗新簿異者，一則李充易新簿乙丙圖書之次，而以乙部紀史，丙部紀子，是其時雖無經史子集之名，而甲乙丙丁以紀經史子集圖書之次第則定矣，二則以李充之「沒略眾篇之名」推之，則荀勗書中，四部之下，尚有小類，亦有類目之名，可以知之。

第二節　崇文總目

宋仁宗景祐元年，以昭文、史館、集賢三館所藏，或有謬濫不全者，乃詔翰林學士張觀、知制誥李淑、宋祁等，從而詳察，定其存廢，俾刪其譌謬，補其差漏。又詔翰林學士王堯臣、史館檢討王洙、館閣校勘歐陽修，校正條目，討論撰次，定著三萬六百六十九卷，分類編目，總成目錄六十六卷，於慶曆元年奏上，仁宗賜名曰崇文總目。

崇文總目之著錄體制，首書名，次卷數，次撰注者，每類有小序，然在書目之前，其所分類目如下：

經部：分易、書、詩、禮、樂、春秋、孝經、論語、小學九類。

史部：分正史、編年、實錄、雜史、僞史、職官、儀注、刑法、地理、氏族、歲時、傳記、目錄十三類。

子部：分儒、道、法、名、墨、縱橫、雜、農、小說、兵、類書、算術、藝術、醫書、卜筮、天文占書、曆數、五行、道書、釋書二十類。

集部：分總集、別集、文史三類。

自元末以後，崇文總目六十六卷，則已失傳，存於世者，僅有一卷之本，故晁公武郡齋讀書志及陳振孫直齋書錄解題，著錄此書，皆云一卷，清乾隆間，四庫館臣自永樂大典中輯得是書十二卷，嘉慶間，錢東垣、錢侗、錢繹等增輯而得是書原序三十篇，原釋九百八十條，編爲崇文總目輯釋五卷，稍復該書原貌。以下，即據錢氏等所輯之本，略舉其例，以見一斑。

毛詩草木鳥獸蟲魚疏二卷

原釋云：「吳太子中庶子，烏程令陸璣撰，世或以璣爲機，非也，機自爲晉人，本不治詩，今應以璣爲正，然書但附詩釋誼，窘于采獲，似非通儒所爲者，將後世失傳，不得其眞歟！」（

見文獻通考）

刊謬正俗八卷

原釋云：「唐秘書監顏師古撰，采先儒及當世之言，參質譌謬，而矯正之，未終篇而師古歿，其子始上之，詔錄藏祕閣。」（見文獻通考）

道家小序

原序云：「道家者流，本清虛，去健羨，泊然有守，故曰我無爲而民自化，我好靜而民自正，雖聖人南面之術，不可易也。至或不究其本，棄夫仁義，而歸之自然，以因循爲用，則儒者病之。」（見歐陽文忠公集）

氏族類小序

原序云：「昔黃帝之子二十五人，得姓命氏，由其德之薄厚，自堯、舜、夏、商、周之先，皆同出於黃帝，而姓氏不同，其後世封爲諸侯者，或以國爲姓，至於公子公孫，官邑諡族，遂因而命氏，其源流次序，帝繫世本，言之甚詳，秦漢以來，官邑諡族，不自別而爲姓，又無賜族之禮，至於近世，遷徙不常，則其得姓之由，與夫祖宗世次人倫之紀，尤不可以不考焉。」（見歐陽文忠公集）

崇文總目六十六卷之本，既已失傳，而世有一卷之本流通，朱彝尊崇文總目跋云：「樂平馬氏經籍考，述鄭漁仲之言，以排比諸儒，每書之下，必出新意著說，嫌其文繁無用，然則是書因漁仲之言，紹興中從而去其敘釋也。」是朱氏以爲，今本崇文總目之無序釋，乃因鄭樵之言，宋高宗紹興年間，而刪去之者，然而，錢大昕潛研堂文集卷二十五云：「今所傳者，即紹興中頒下諸州軍搜訪之本，有目無釋，取便尋檢耳，豈由漁仲之言，而有意刪之哉？且漁仲以薦入官，在紹興之末，未登館閣，旋即物故，名位卑下，未能傾動一時，若紹興十二年，漁仲一閩中布衣耳，誰傳其言者，朱氏不過一時揣度之詞，未及研究歲月。」錢氏之言是也，今考續宋會要有云：「紹興十二年，從向子期言，以唐藝文志及崇文總目新闕之目，注闕字於其下，頒諸州搜訪，但存六十六卷之目，而無敘釋，晁陳及近世諸家書目著錄之一卷本是也。」取會要此文，與錢氏之言對照，若合符契，崇文總目之有一卷之本，實因紹興十二年搜訪圖書而用者也，爲省繁重，故去其敘釋，因之而有一卷之本傳於世也，宋史儒林鄭樵傳云：「高宗幸建康，命以通志進，會病卒，年五十九。」鄭樵卒於紹興三十年，若紹興十二年，搜訪書籍之事，鄭樵時僅海濱寒儒，聲名未顯，通志未成，尚未蒙高宗詔命奏進通志，又何從涉及崇文總目敘釋之刪卻乎！是則崇文總目六十六卷本之亡佚，實亦與鄭樵無關也。

第三節　四庫全書總目

古籍傳世，自西漢劉向歆父子等校理之後，時經兩千餘年，始有全面性之再度整理，此即清代纂修之四庫全書是也。

清乾隆年間，周永年創「儒藏」之說，欲求集合儒書，以與佛藏道藏之說，鼎足而三，乾隆三十七年，下詔採集天下遺書，時學士朱筠，上書奏請開館校書，以為「舊本抄本，尤當急搜也」，「中祕書籍，當標舉其現有者，以補其餘也」，「著錄校讎，並當重也」，「金石之刻，圖譜之學，在所必錄也」，此議既上，乾隆三十八年，即詔派軍機大臣為總裁官，分派各館修書翰林等官，取永樂大典及圖書集成，採集亡佚，凡得逸書三百八十五種，四千九百二十六卷，又令各省採進圖書，私家進獻典籍，於是正式開設四庫之館，校理書冊，以紀昀陸錫熊為總纂官，在職者凡三百六十人，抄胥一千五百人，自乾隆三十八年起，迄四十七年告竣，總計存書三千四百五十七部，七萬九千零七十卷，存目六千七百六十六部，九萬三千五百五十六卷，分裝三萬六千冊，六千七百五十二函，又撰成四庫全書總目提要二百卷，四庫簡明目錄二十卷。四庫全書總目提要之分類如下：

經部：分易、書、詩、禮、春秋、孝經、五經總義、四書、樂、小學十類。

史部：分正史、編年、紀事本末、別史、雜史、詔令奏議、傳記、史鈔、載記、時令、地理、職官、政書、目錄、史評十五類。

子部：分儒、兵、法、農、醫、天文、算法、術數、藝術、譜錄、雜、類書、小說、釋、道十四類。

集部：分楚辭、別集、總集、詩文評，詞曲五類。

四庫提要於每一書下有詳明之提要（解題），每類之前有小序，每部之前有總序，此皆參酌別錄、七略、漢志等之體制，擇取所長，而加撰寫者也，在現存目錄書中，實爲體制最完整而份量最龐大之代表也。茲略舉其例，以見其他。

經部總序

經稟聖裁，奉型萬世，刪定之旨，如日中天，無所容其贊述，所論次者，詁經之說而已，自漢京以後，垂二千年，儒者沿波，學凡六變，其初專門授受，遞稟師承，非唯詁訓相傳，莫敢同異，即篇章字句，亦恪守所聞，其學篤實謹嚴，及其弊也拘。王弼王肅，稍持異議，流風所扇，或信或疑，越孔賈啖趙，以及北宋孫復劉敞等，各自論說，不相統攝，及其弊也雜。洛閩繼起，道學大昌，擺落漢唐，獨研義理，凡經師舊說，俱排斥以爲不足信，其學務別是非，及其弊也悍。（如王柏吳澄攻駁經文，動輒刪改之類）學脈旁分，攀緣日眾，驅除異己，務定一尊，自宋末以逮明初，其學見異不遷，及其弊也黨。（如論語集註誤引包咸夏瑚商璉之說，張存中四書通證，即闕此一條，以諱其誤，又如王柏刪國風三十二篇，許謙疑之，吳師道反以爲非之類）主持太過，勢有所偏，材辨聰明，激而橫決，自明正德嘉靖以後，其學各抒心得，及其弊也肆。（如王守仁之末派，皆以狂禪解經之類）空談臆斷，考證必疎，於是博雅之儒，引古義以抵其隙，國初諸家，其學徵實不誣，及其弊也瑣。（

如一字音訓，動辨數百言之類）要其歸宿，則不過漢學宋學兩家，互爲勝負，夫漢學具有根柢，講學者以淺陋輕之，不足服漢儒也，宋學具有精微，讀書者以空疎薄之，亦不足服宋儒也，消融門户之見，而各取所長，則私心祛而公理出，公理出而經義明矣，蓋經者非他，即天下之公理而已，今參稽眾說，務取持平，各明去取之故，分爲十類，曰易、曰書、曰詩、曰禮、曰春秋、曰孝經、曰五經總義、曰四書、曰樂、曰小學。

子部總序

自六經以外，立說者皆子書也，其初亦相淆，自七略別而列之，名品乃定，其初亦相軋，自董仲舒別而白之，醇駁乃分，其中或佚不傳，或傳而後莫爲繼，或古無其目而今增，古各爲類而今合，大都篇帙繁富，可以自爲部分者，儒家之外，有兵家、有法家、有農家、有醫家、有天文算法、有術數、有藝術、有譜錄、有雜家、有類書、有小說家，其別教則有釋家、有道家，敘而次之，凡十四類，儒家尚矣，有文事者有武備，故次之以兵家，兵，刑類也，唐虞無皋陶，則寇賊姦宄無所禁，必不能風動時雍，故次以法家，民，國之本也，穀，民之天也，故次以農家，本草經方，技術之事也，而生死繫焉，神農黃帝，以聖人爲天子，尚親治之，故次以醫家，重民事者先授時，授時本測候，測候本積數，故次以天文算法，以上六家，皆治世者所有事也，百家方技，或有益，或無益，而其說久行，理難竟廢，故次以術數，游藝亦學問之餘事，一技入神，器或寓道，故次以藝術，以上二家，皆小道之可觀者也，詩取多識，易稱制器，博聞有取，利用攸資，故次以譜錄，群言岐出，不名一類，總爲薈粹，皆可採摭菁英，故次以雜家，隸事分類，亦雜言也，舊附於子部，今從其例，故次以類書，稗官所述，其事末矣，用廣見聞，愈於博奕，故次以小說家，以上四家，皆旁資參考者也，二氏，外學也，故次以釋家道家終焉，夫學者研理於經，可以正天下之是非，徵事於史，可以明古今之成敗，餘皆雜學也，然儒家本六藝之支流，雖其間依草附木，不能免門戶之私，而數大儒明道立言，炳然具在，要可與經史旁參，其餘雖眞僞相雜，醇疵互見，然凡能自名一家者，必有一節之足以自立，即其不合於聖人者，存之亦可爲鑒戒，雖有絲麻，無棄菅蒯，狂夫之言，聖人擇焉，在博收而愼取之爾。

經部易類小序

聖人覺世牖民，大抵因事以寓教，詩寓於風謠，禮寓於節文，尚書春秋寓於史，而易寓於卜筮，故易之爲書，推天道以明人事者也，左傳所記諸占，蓋猶太卜之遺法，漢儒言象數，去古未遠，一變而爲京焦，入於機祥，再變而爲陳邵，務窮造化，易遂不切於民用，王弼盡黜象數，說以老莊，一變而胡瑗程子，始闡明儒理，再變而李光楊萬里，又參證史事，易遂日啓其論端，此兩派六宗，已互相攻駁，又易道廣大，無所不包，旁及天文地理樂律兵法韻學算術，以逮方外之爐火，皆可援易以爲說，而好異者，又援以入易，故易說愈繁，夫六十四卦大象，皆有君子以字，其爻象則多戒占者，聖人之情見乎詞矣，其餘皆易之一端，非其本也，今參校諸家，以因象立教者爲宗，而其他易外別傳者，亦兼收以盡其變，各爲條論，具列於左。

經部詩類小序

詩有四家，毛氏獨傳，唐以前無異論，宋以後則衆說爭矣，然攻漢學者，意不盡在於經義，務勝漢儒而已，伸漢學者，意亦不盡在於經義，憤宋儒之詆漢儒而已，各挾一不相下之心，而又濟以不平之氣，激而過當，亦其勢然歟？夫解春秋者，唯公羊多駁，其中高子沈子之說，殆轉相附益，要其大義數十，傳自聖門者，不能廢也，詩序稱子夏，而所引高子孟仲子，乃戰國時人，固後來攙續之明證，即成伯璵等所指，篇首一句，經師口授，亦未必不失其眞，然去古未遠，必有所受，意其眞贋相半，亦近似公羊，全信全疑，均爲偏見，今參稽衆說，務協其平，苟不至程大昌之妄改舊文，王柏之橫刪聖籍者，論有可採，並錄存之，以消融數百年之門戶，至於鳥獸草木之名，訓詁聲音之學，皆事須考證，非可空談，今所採輯，則尊漢學者居多焉。

經部春秋類小序

說經家之有門戶，自春秋三傳始，然迄能並立於世，其間諸儒之論，中廣以前，則左氏勝，啖助趙匡，以逮北宋，則公穀勝，孫復劉敞之流，名爲棄傳從經，所棄者特左氏事跡，公羊穀梁月日例耳，其推闡譏貶，少可多否，實陰本公羊穀梁法，猶誅鄧析用竹刑也，夫刪除事跡，何由知其是非，無案而斷，是春秋爲射覆矣，聖人禁人爲非，亦予人爲善，經典所述，不乏褒詞，而操筆臨文，乃無人不加誅絕，春秋豈吉網羅鉗乎？至於用夏時，則改正朔，削尊號，則貶天王，春秋又何僭以亂也，沿波不返，此類宏多，雖舊說流傳，不能盡廢，要以切實有徵，平易近理者爲本，其瑕瑜互見者，則別而存之，遊談臆說，以私意亂聖經者，則僅存其目，蓋六經之中，唯易包眾理，事事可通，春秋具列事實，亦人人可解，一知半見，議論易生，著錄之繁，二經爲最，故取之不敢不慎也。

子部儒家類小序

古之儒者，立身行己，誦法先王，務以通經適用而已，無敢自命聖賢者，王通教授河汾，始摹擬尼山，遞相標榜，此亦世變之漸矣，迨托克托等修宋史，以道學儒林分爲兩傳，而當時所謂道學者，又自分二派，筆舌交攻，自時厥後，天下唯朱陸是爭，門户別而朋黨起，恩讎報復蔓延者，垂數百年，明之末葉，其禍遂及於宗社，唯好名好勝之私心，不能自克，故相激而至是也，聖門設教之意，其果若是乎？今所錄者，大旨以濂洛關閩爲宗，而依附門牆，藉詞衛道者，則僅存其目，金谿姚江之派，亦不廢所長，唯顯然以佛語解經者，則斥入雜家，凡以風示儒者，無植黨，無近名，無大言而不慚，無空談而鮮用，則庶幾孔孟之正傳矣。

史部紀事本末類「通鑑紀事本末」提要：

通鑑紀事本末四十二卷，通行本，宋袁樞撰，樞字機仲，建安人，孝宗初試禮部，詞賦第一，歷官至工部侍郎，以右文殿修撰，知江陵府，尋提舉太平興國宮，事蹟具宋史本傳。案唐劉知幾作史通，敘述史例，首列六經，總歸二體，自漢以來，不過紀傳、編年兩法，乘除互用，然紀傳之法，或一事而複見數篇，賓主莫辨，編年之法，或一事而隔越數卷，首尾難稽，樞乃自出新意，因司馬光資治通鑑，區別門目，以類排纂，每一事各詳起訖，自為標題，每篇各編年月，自為首尾，始於三家分晉，終於周世宗之征淮南，包括數千年事蹟，經緯明晰，節目詳具，前後始末，一覽了然，遂使紀傳編年，貫通為一，實前古之所未見也，王應麟玉海，稱淳熙三年十一月，參政龔茂良，言樞所編紀事，有益見聞，詔嚴州摹印十部，仍先以繕本上之，宋史樞本傳，又稱孝宗讀而嘉嘆，以賜東宮，及分賜江上諸帥，曰：「治道盡在是矣。」朱子亦稱其書部門目，始終離合之間，皆曲有微意，於以錯綜溫公之書，乃國語之流。蓋樞所綴集，雖不出通鑑原文，而去取剪裁，義例極為精密，非通鑑總類諸書，割裂擩撏者可比，其後如陳邦瞻、谷應泰等，遞有沿仿，而包括條貫，不漏不冗，則皆出是書下焉。

就此以上資料所見，則四庫提要一書辨章學術考鏡源流之功用，可以窺知矣。

四庫全書纂修告竣，當時繕寫七部，分藏七閣，第一部藏北京紫禁宮內之文淵閣，現存台北故宮博物院，第二部藏瀋陽之文溯閣，現藏瀋陽圖書館，第三部藏北京圓明園之文源閣，毀於英法聯軍之役，第四部藏熱河承德之文津閣，現藏北平圖書館，以上稱之爲北四閣。第五部藏江蘇鎭江金山寺之文宗閣，燬於洪楊之亂，第六部藏江蘇揚州之文滙閣，亦燬於洪楊之亂，第七部藏浙江杭州之文瀾閣，現藏浙江圖書館，以上稱之爲南三閣。近年以來，台灣商務印書館影印文淵閣四庫全書行世，此一龐然巨著，得以化身千萬，分貯世界各地，亦文化史上一盛事也。

四庫提要撰成於乾隆四十六年，自乾隆嘉慶以下，考證之學，日益昌盛，各類撰述，信足爲提要之補缺匡謬者，至於近代，胡玉縉撰四庫全書總目提要補正六十卷，補正四庫提要書籍共三千三百餘種，余嘉錫撰四庫提要辨證，辨證四庫提要書籍共四百九十種，此兩書出，皆蔚爲中國目錄學史上之巨著，而其作用，則是廣集資料，加以考訂，而使四庫提要之缺失，減至最低，亦從而可以加強四庫提要之功能，以推動學術之進展也。

第五章　私　錄

第一節　七志與七錄

甲、七　志

自晉代荀勗李充等撰著目錄，以四部分類，嗣後南朝官修目錄，無不以此爲準繩，其間，唯宋之王儉、梁之阮孝緖、隋之許善心，起而變改，不守四部分類，而乃上追七略，更撰七志、七錄、七林，於是七分之法，又從而復興，則自目錄學之發展觀之，七略漢志，特創七分之法（實六分之圖書也），降及魏晉，魏默荀勗，別創四分之法，而南北朝時，王儉阮孝緖出，七分之法，上繼七略，又復興起，及至唐初，隋書經籍志出，乃始確立四部分類，以逮淸末，定於一尊，是以古代目錄分類，雖以七分四分之法，爲其重心，然其沿革發展，乃有曲折往復至如此者，故蔣元卿氏，撰中國圖書分類之沿革，乃名西漢以迄隋初，命之爲「七略四部之互競」時代，良有以也。南齊書王儉傳云：

（儉）上表，求校墳籍，依七略撰七志四十卷，上表謝之。

文選任彥昇王文憲集序云：

元徽初，遷秘書丞，於是采公曾之中經，刊弘度之四部，依劉歆七略，更撰七志。

王儉於宋元徽年間，嘗撰元徽四部書目，遵祕閣體制，仍依四部次序，至於更撰七志，蓋以成一家之言，故別依七略部次以成書也，七志類目，依七錄序及隋書經籍志總序所敘，大約如下：

經典志：紀六藝、小學、史記、雜傳。

諸子志：紀古今諸子。

文翰志：紀詩賦。

軍書志：紀兵書。

陰陽志：紀陰陽圖緯。

術藝志：紀方技。

圖譜志：紀地域及圖書。

七志於上述分類之外，更條列道佛之書，附於七志之後，七錄序云：「以向歆雖云七略，實有六條，故別立圖譜一志，以全七限，其外，又條七略及二漢藝文志、中經簿所闕之書，並方外之經，佛經道經，各為一錄，雖繼七志之後，而不在其數。」隋書經籍志總序亦云：「其道佛附見，合九條，然亦不述作者之意，但於書名之下，每立一傳，而又作九篇條例，編乎首卷之中，文義淺近，未為典則。」由上所述，可以得知，七略之書，以七為名，而實僅六類，全以七數，要以七志所錄，爲其始也，此其一。圖譜一志，乃王儉新創，雖係王氏全其七限之作，而其書冊圖譜，左右採獲，便利讀者，則千載以下，猶爲鄭樵所稱頌不已也，（鄭樵通志有圖譜略）此其二。自鄭默荀勗以下，撰目錄者，實多僅收一代之書，而王儉七志，能條列七略及二漢藝文志（班固及袁崧之作），中經簿所闕之書，別爲一錄，乃見王儉之書，特重學術之流衍也，此其三。隋志謂七志「不述作者之意，但於書名之下，每立一傳」，則王儉之書，亦大略可繼劉向撰著敘錄之用意者也，此其四。至於「作九篇條例，編乎首卷之中，文義淺近，未爲典則」者，則無以詳知其內容矣。唯王儉七志，作於中經新簿之後，乃不能效鄭默荀勗，爲史書獨立一部，而竟以經典史記，合爲一志，亦似太苟簡矣，圖譜之專立一志，亦得失參半，蓋古人左圖右史，參合以觀，圖譜本可附書冊而並行，析爲二類，檢閱書籍，不免反增繁勞也。

乙、七　錄

梁書處士傳云：

阮孝緒字士宗，陳留尉氏人也，年十三，徧通五經，屏居一室，非定省未嘗出戶，所著七錄等書二百七十卷，行於世。

隋書經籍志總序云：

普通中，有處士阮孝緒，沉靜寡欲，篤好墳史，博采宋齊已來，王公之家，凡有書紀，參校官簿，更爲七錄。

阮孝緒七錄序亦云：

凡自宋齊已來，王公搢紳之舘，苟能蓄聚墳籍，必思致其名簿，凡在所遇，若見若聞，校之官目，多所遺漏，遂總集衆家，更爲新簿，其方內經史，至於術伎，合爲五錄，謂之內篇，方外佛道，各爲一錄，謂之外篇，凡爲錄有七，故名七錄。

七錄著錄之書，凡五十五部，六千二百八十八種，八千五百四十七帙，四萬四千五百二十六卷，自有目錄以來，要以阮氏此書，最爲繁鉅，七錄之類目如下：

經典錄：分易、書、詩、禮、樂、春秋、論語、孝經、小學九部。

紀傳錄：分國史、注曆、舊事、職官、儀典、法制、僞史、雜傳、鬼神、土地、譜狀、簿錄十二部。

子兵錄：分儒、道、陰陽、法、名、墨、縱橫、雜、農、小說、兵十一部。

文集錄：分楚辭、別集、總集、雜文四部。

術伎錄：分天文、讖緯、曆算、五行、卜筮、雜占、刑法、醫經、經方、雜藝十部。

佛法錄：分戒律、禪定、智慧、疑似、論記五部。

仙道錄：分經戒、服餌、房中、符圖四部。

七錄序中，阮氏且詳述所以分類命名之原因，此其說也，於目錄學之發展史上，甚爲寶貴：

王以「六藝」之稱，不足標榜經目，改爲「經典」，今則從之，故序經典錄，爲內篇之一。

劉王並以眾史合於春秋，劉氏之世，史書甚寡，附見春秋，誠得其例，今眾家記傳，倍於經典，猶從此志，實爲繁蕪，且七略詩賦，不從六藝詩部，蓋由其書既多，所以別爲一略，今擬依斯例，分出家史，序記傳錄，爲內篇第二。

諸子之稱，劉王並同，又劉有兵書略，王以兵字淺薄，軍言深廣，故改兵爲軍，竊謂古有「兵革」、「兵戎」、「治兵」、「用兵」之言，斯則武事之總名也，所以還改軍從兵，兵書既少，不足別錄，今附於子末，總以「子兵」爲稱，故序子兵錄，爲內篇第三。

王以「詩賦」之名，不兼餘制，故改爲「文翰」，竊以頃世文詞，總謂之「集」，變「翰」爲「集」，於名尤顯，故序文集錄，爲內篇第四。

王以「術數」之稱，有繁雜之嫌，故改爲「陰陽」，「方技」之言，事無典據，又改爲「藝術」，竊以陰陽偏有所繫，不如術數之該通，術藝則濫六藝與數術，不逮方技之要顯，故還依劉氏，各守本名，但房中神僊，既入仙道，醫經經方，不足別創，故合「術技」之錄，以名一錄，爲內篇第五。

王氏圖譜一志，劉略所無，劉術數中雖有歷譜，而與今譜有異，竊以圖畫之篇，宜從所圖爲部，故隨其名題，各附本錄，譜既注記之類，宜與史體相參，故載於傳記之末，自斯以上，皆內篇也。

釋氏之教，實彼中土，講説諷味，方軌孔籍，王氏雖載於篇，而不在志限，即理求事，未是所安，故序佛法錄，爲外篇第一。

仙道之書，由來尚矣，劉氏神僊，陳於方技之末，王氏道經，書於七志之外，今合序仙道錄，爲外篇第二。

王則先道而後佛，今則先佛而後道，蓋所宗有不同，亦由其教有深淺也，凡內外兩篇，合爲七錄。

由上阮氏所述，知其於七錄中之分類命名，皆有深意在也，且阮氏錄中，其前四錄，經典、記傳、子兵、文集，不僅爲隋志確立四部分類之先河，即其類名，經子集部，赫然在焉，而記傳之名，與史部之稱，實質亦吻合無間，又阮氏文集錄內，分別爲楚辭、別集、總集、雜文四種，其前三種，名次既定，類目亦決，遂爲後世目錄諸作，沿用不替，亦難能也。

至於隋代，許善心「仿阮孝緒七錄，更制七林，各爲總序，冠於篇首，又於部錄之下，明作者之意，區分其類例焉」（見隋書許善心傳），惜乎其書久佚，無以詳知其分類細目，唯許氏生當楊隋年間，去古稍遠，猶能上法七略，近規王阮，於每篇之首，各爲總序，部錄之下，又有解題，明作者之意，則其較之七志七錄，似更能上溯劉向歆父子之承傳，有以復別錄七略之舊制也。

第二節　郡齋讀書志

晁公武字子止，山東鉅野人，宋高宗紹興中進士，官至敷文閣直學士，四川制置使，公武承其祖上累代藏書，又得四川轉運使井度所贈藏書，乃即躬自校讎，每書撮其旨意，撰爲郡齋讀書志，其書自序有云：

公武家自文元公來，以翰墨爲業者七世，故家多書，至於是正之功，世無與讓焉，然自中原無事時，已有火厄，及兵戈之後，尸素不存也，公武仕宦連蹇，久益窮空，雖心志未衰而無書可讀，每恨之，南陽公天資好書，自知興元府，至領四川轉運使，常以俸之半傳錄，時巴蜀獨不被兵，人間多有異本，聞之未嘗不力求，必得而後已，歷二十年，所有甚富，既罷，載以舟，即廬山之下居焉，宿與公武厚，一日貽書曰：「某老且死，有平生所藏書，甚祕惜之，顧子孫稚弱，不自樹立，若其心愛名，則爲貴者所奪，若其心好利，則爲富者所售，恐不能保也，今舉以付子，他日其間有好學者歸焉，不然，則子自取之。」公武惕然從其命，書凡五十篋，合吾家舊藏，除其複重，得二萬四千五百卷有奇，今三榮僻左少事，日夕躬以朱黃讎校舛誤，終篇輒撮其大旨論之，豈敢效二三子之博聞，所期者不墜家聲而已，書則固自若也，儻遇其子孫之賢者，當如約。

晁氏所撰郡齋讀書志，以爲「史集猥衆，若依七略，則多寡不均，故亦分爲四部焉」（見晁書總序），其分類如下：

經部：分易、書、詩、禮、樂、春秋、孝經、論語、經解、小學十類。

史部：分正史、編年、實錄、雜史、僞史、史評、職官、儀注、刑法、地理、傳記、譜牒、書目十三類。

子部：分儒、道、法、名、墨、縱橫、雜、農、小說、天文、曆算、五行、兵家、類書、藝術、醫書、神仙、釋書十八類。

集部：分楚辭、別集、總集、文說四類。

郡齋讀書志之體制，首有總序，以論述歷代撰修目錄之經過，及其自撰讀書志分類之緣由，每部之後，各有大序論述學術源流，而每書之下，各有解題，以下，先舉晁書經部大序，以見其例：

經之類凡十，其一曰易，二曰書，三曰詩，四曰禮，五曰樂，六曰春秋，七曰孝經，八曰論語，九曰經解，十曰小學，合二百五十五部，計三千二百四十四卷，孔氏之教，別而爲六藝，數十萬言，其義理之富，至於不可勝原，然其要，片言可斷，曰，修身而已矣，修身之道，內之則本於正心誠意致知格物，外之則推於齊家治國平天下，內外兼盡，無施而不宜，學者若以此而觀六藝，猶坐璇璣以窺七政之運，無不合者，不然，則悖繆乖離，無足怪也。漢承秦後，六藝皆出於灰燼之餘，學者顓門名家，故易有田氏、焦氏、費氏，詩有魯詩、齊詩、韓詩，春秋有鄒、夾、左丘明、公羊高、穀梁赤，禮樂有大戴、小戴之殊，書有古文、今文之異，各尊其師說，而伐其異己者，黨枯骸，護蠹簡，至於忘父子君臣之分，爭辨不少屈，其弊甚矣。迨至晉魏之後，此弊雖衰，而學者徒剽賊六藝之文，飾其辭章，以譁世取寵，而不復有明道之意，無以議爲。及唐之中葉，海內乂安，士稍知宗尚經術，而去聖愈遠，異端並興，學書者則以今文易古文，而頗改其辭，學春秋者，則合三傳之同異，而雜舉其義，不本所承，決以胸臆，以迄於今，釋老申韓之說，雜然滿於六經之中，雖與漢儒之學不同，而其失一也，凡此者豈有他哉，皆不能操修身之道，反刻意於章句，是以迢迢千載之間，悖繆乖離，殊塗而同歸，至此其極，悲夫。今所錄漢唐以來之書甚備，觀者其愼擇焉，論語孝經，自班固以來，皆附經類，夫論語，群言之首，孝經，百行之宗，皆六經之要，其附於經，固不可易，又藝文志有小學類，四庫書目有經解類，蓋有補於經，而無所繫屬，故皆附於經，今亦從之。

此序敘述經學源流，辭潔義賅，似亦不在隋書經籍志經部大序之下也。至於各類小序，則晁氏書目，闕而不論，不無遺憾，然晁氏於每類首部書名之下，其論說文字，往往涉及該書之外，實係辨章該類學術得失之小序也，（此說本之於喬衍琯先生之說，喬氏之說，見所撰「郡齋讀書志中之小序」，載國立中央圖書館館刊新二十卷一期）茲即迻錄此類小序，以略見其例。

小學類小序

文字之學凡有三，其一體製，謂點畫有縱橫曲直之殊，其二訓詁，謂稱謂有古今雅俗之異，其三音韻，謂呼吸有清濁高下之不同。論體製之書，說文之類是也，論訓詁之書，爾雅方言之類是也，論音韻之書，沈約四聲譜及西域反切之學是也。三者雖各名一家，其實皆小學之類，而藝文志獨以爾雅附孝經類，經籍志又以附論語類，皆非是，今依四庫書目，置於小學之首。

農家類小序

農家者，本出於神農之學，孔子既稱禮義信足以化民，焉用稼？以誚樊須，而告曾參以用天之道，分地之利，爲庶人之孝，言非不同，意者以躬稼非治國之術，乃一身之任也，然則士之倦遊者，詎可不知乎，故今所取，皆種藝之書也，前世錄史部中有歲時，子部中有農事，兩類實不可分，今合之農家，又以錢譜置其間，今以其不類，移附類書。

由上所述，可以窺知晁氏郡齋讀書志中小序之一斑，以下，再枚舉晁氏所撰各書之解題，此在晁氏書中，亦最爲重要者也。

王弼周易十卷

右上下經，魏尚書郎王弼輔嗣注，繫辭、說卦、雜卦、序卦，弼之門人韓康伯注，又載弼所作略例，通十卷，易自商瞿受於孔子，六傳至田何而大興，爲施讎、孟喜、梁丘賀，其後焦贛、費直始顯，而傳受皆不明，由是分爲三家，漢末，田焦之學微絕，而費氏獨存，其學無章句，唯以彖象文言等十篇解上下經，凡以彖象文言等參入卦中者，皆祖費氏，東京荀、劉、馬、鄭，皆傳其學，王弼最後出，或用鄭說，則弼亦本費氏也。歐陽公見此，遂謂孔子古經已亡，按劉向以中古文易經校施、孟、梁丘經，或脫去无咎悔亡，唯費氏經與古文同，然則古經何嘗亡哉！

鄧析子二卷

右鄧析二篇，文字訛缺，或以繩爲蠅，以巧爲功，頗爲是正其謬，且撮旨意而論之曰：「先王之世，道德修明，以義爲輔，誥命謨訓，則著之書，諷頌箴規，則寓之詩，禮樂以彰善，春秋以懲惡，其始雖若不同，而其歸則合，猶天地之位殊，而育物之化均，寒暑之氣異，而成歲之功一，豈非出於道德而然邪？自文武既歿，王者不作，道德昧於天下，而仁義幾于熄，百家之說蠭起，各求自附於聖人，而不見夫道之大全，以其私知臆說而譁世惑眾，故九流皆出於晚周，其書各有所長，而不能無所失，其長蓋或有見於聖人，而所失蓋各奮其私知，故明者審取舍之而已，然則析之書豈可盡廢哉？左傳曰：「駟顓殺析而用其竹刑。」班固錄析書於名家之首，則析之學，蓋兼名法家也，今其大旨訐而刻，眞其言也，無可疑者，而其間時勦取他書，頗駁雜不倫，豈後人附益之歟！

由上二例，可見晁氏之書，於解題方面，亦頗翔實，其在漢隋二志不錄解題之後，而能上繼劉向別錄，採用解題，以下開四庫總目之提要，豈非尤足寶貴者歟！

第三節　直齋書錄解題

陳振孫字伯玉，浙江安吉人，宋寧宗嘉定中，出守莆田，傳錄鄭樵、方漸、林霆、吳與舊書，至五萬一千一百八十餘卷，並仿晁氏郡齋讀書志之體例，撰成直齋書錄解題五十六卷，唯此書久佚，清代四庫館臣，自永樂大典中輯出二十二卷，然永樂大典至清乾隆時，已殘缺不全，四庫館臣所輯錄之本，自非原書完帙，此書不標經史子集名目，而一核其實，則仍遵四部之規模者，茲迻錄其類目如下：

易、書、詩、禮、春秋、孝經、語孟、經解、讖緯、小學十類。（以上經部）

正史、別史、編年、起居注、詔令、僞史、雜史、典故、職官、禮注、時令、傳記、法令、譜牒、目錄、地理十六類。（以上史部）

儒、道、法、名、墨、縱橫、農、雜、小說、神仙、釋氏、兵書、曆象、陰陽、卜筮、形法、醫書、音樂、雜藝、類書二十類。（以上子部）

楚辭、總集、別集、詩集、歌辭、章奏、文史七類。（以上集部）

陳氏之書，每部既無經史子集之名，故亦並無大序，唯每類之下，間或有簡單文字，說明其立類之原因，則亦可作小序觀之也，例如語孟類下有云：

前志，孟子本列於儒，然趙岐固嘗以爲則象論語矣，自韓文公稱孔子傳之孟軻，軻死不得其傳，天下學者，咸曰孔孟，孟子之書，固非荀楊以降，所可同日語也，今國家設科取士，語、孟並列爲經，而程氏諸儒，訓解二書，常相表裏，故今合爲一類。

農家類下有云：

農家者流，本於農稷之官，勤耕桑以足衣食，神農之言，許行學之，漢世野老之書，不傳於後，而唐志著錄，雜以歲時月令，及相牛馬諸書，是猶薄有關於農者，至於錢譜、相、貝、鷹、鶴之屬，於農何與焉？今既各從其類，而花果栽植之事，猶以農圃一體附見於此，其實則浮末之病本者也。

陳氏之書，仿自晁氏，其同於郡齋讀書志者，則係每書之後，均有一段文字，以評介此書之內容撰人，陳氏謂之爲「解題」，亦與四庫總目之「提要」相似也，例如周易注六卷、略例一卷、繫辭注三卷下解題云：

魏尚書郎山陽王弼輔嗣注上下經，撰略例，晉太常潁川韓康伯注繫辭、說、序、雜卦。自漢以來，言易者多溺於象占之學，至弼始一切掃去，暢以義理，於是天下後世宗之，餘家盡廢，然王弼好老氏，魏晉談玄，自弼輩倡之。易有聖人之道四焉，去三存一，於道闕矣，況其所謂辭者，又雜以異端之說乎？范寧謂其罪深於桀紂，誠有以也，弼父業長緒，本王粲族兄凱之子，粲二子坐事誅，文帝以業嗣粲，弼死時，年二十餘。

又如老子注二卷下解題云：

魏王弼撰，魏晉之世，元學盛行，弼之談元，冠於流輩，故其注易，亦多元義，晁說之以道曰，弼本深於老子，而易則未也，其於易，多假諸老子之旨，而老子無資於易，其有餘不足之迹可見矣，世所行老子，分道德經爲上下卷，此本道德經且無章目，當是古本。

又如楚辭集注八卷，辨證二卷下解題云：

侍講建安朱熹元晦撰，以王氏、洪氏注，或迂滯而遠於事情，或迫切而害於義理，遂別爲之注，其訓詁文義之外，有當考訂者，則見於辨證，所以祛前注之蔽漏，而明屈子微意於千載之下，忠魂義魄，頓有生氣，其於九歌九章，尤爲明白痛快，至謂山海經、淮南子殆因天問而著書，說者反二書以證天問，可謂高世絕識，毫髮無遺恨者矣。公爲此注，在慶元退隱之時，序文所謂放臣棄子，怨妻去婦，蓋有感而託者也，其生平於六經皆有訓傳，而其殫見洽聞，發露不盡者，萃見於此書，嗚呼，偉矣，其篇第視舊本，蓋賈誼二賦，而去諫、歎、懷、思。屈原所著二十五篇爲離騷，而宋玉以下則曰續離騷，其言七諫以下，辭意平緩，意不深切，如無所疾痛，而強爲呻吟者，尤名言也。

陳氏此書，仿自晁氏，而其解題所具之價值，實亦不在郡齋讀書志之下，陳氏直齋書錄解題，宋代末葉，即已爲世所重，馬端臨撰文獻通考經籍考，屢引陳氏此書解題，則其重要，可以想見。

第四節　通志藝文略

鄭樵字漁仲，宋福建路興化軍莆田縣人，不應科舉，居夾漈山下，刻苦力學三十載，出門訪求書籍又十載，成通志二百卷，其中二十略，最稱精華，二十略中之校讎略，係鄭氏言目錄校讎之原理所在，（此當別詳下章論原理部分）其藝文略，則係鄭氏目錄校讎原理之實踐，兩者互爲表裏，相資爲用。

鄭氏爲學，往往獨闢蹊徑，而不墨守陳規，夫目錄之學，自七略漢志以下，以至唐宋諸史志，論其分類，不過七分與四部之法，互爲勝負而已，鄭氏論校讎原理，以爲「學之不專者，爲書之不明也，書之不明者，爲類例之不分也」，故力主「類例既分，學術自明」，故於藝文略中實踐自身原理，不守四部舊規，而別爲創造十二分類之法，「總十二類，百家，四百二十二種」（見校讎略編次必謹類例論），此實自兩漢以下，目錄之書，所未嘗有者也，茲將其類別錄出於下，俾與各家目錄，參稽比較：

經類第一

易：分古易、石經、章句、傳、注、集註、義疏、論說、類例、譜、考證、數、圖、音、讖緯、擬易十六目。

書：分古文經、石經、章句、傳、注、集註、義疏、問難、義訓、小學、逸篇、圖、音、續書、讖緯、逸書十六目。

詩：分石經、故訓、傳、注、義疏、問辨、統說、譜、名物、圖、音、緯學十二目。

春秋：分經、五家傳注、三傳義疏、傳論、序、條例、圖、文辭、地理、世譜、卦繇、音、讖緯十三目。

春秋外傳國語：分注解、章句、非駁、音四目。

孝經：分古文、注解、義疏、音、廣義、讖緯六目。

論語：分古論語、正經、注解、章句、義疏、論難、辨正、名氏、音釋、讖緯、續語十一目。

爾雅：分注解、圖、義、音、廣雅、雜爾雅、釋言、釋名、方言九目。

經解：分經解、諡法二目。

禮類第二

周官：分傳注、義疏、論難、義類、音、圖六目。

儀禮：分石經、注、疏、音四目。

喪服：分傳注、集註、義疏、記要、問難、儀注、譜、圖、五服圖儀九目。

禮記：分大戴、小戴、義疏、書鈔、評論、名數、音義、中庸、讖緯九目。

月令：分古月令、續月令、時令、歲時四目。

會禮：分論鈔、問難、三禮、禮圖四目。

儀注：分禮儀、吉禮、賓禮、軍禮、嘉禮、封禪、汾陰、諸祀儀注、陵廟制、家禮祭儀、東宮儀注、后儀、王國州縣儀注、朝會儀、耕籍儀、車服、國璽、書儀十八目。

樂類第三

樂書、歌辭、題解、曲簿、聲調、鐘磬、管弦、舞、鼓吹、琴、讖緯十一小類。

小學類第四

小學、文字、音韻、音釋、古文、法書、蕃書、神書八小類。

史類第五

正史：分史記、漢、後漢、三國、晉、宋齊梁陳、後魏北齊北周、隋唐、通史九目。

編年：分古史、兩漢、魏吳、晉、宋、齊、梁、陳、後魏、北齊、隋、唐、五代、運歷、紀錄十五目。

霸史

雜史：分古雜史、兩漢、魏、晉、南北朝、隋、唐、五代、宋朝九目。

起居注：分起居注、實錄、會要三目。

故事

職官

刑法：分律、令、格、式、勅、總類、古制、專條、貢舉、斷獄、法守十一目。

傳記：分耆舊、高隱、孝友、忠烈、名士、交遊、列傳、家傳、列女、科第、名號、冥異、祥異十三目。

地里：分地理、都城宮苑、郡邑、圖經、方物、川瀆、名山洞府、朝聘、行役、蠻夷十目。

譜系：分帝系、皇族、總譜、韻譜、郡譜、家譜六目。

食貨：分貨寶、器用、豢養、種藝、茶、酒六目。

目錄：分總目、家藏總目、文章目、經史目四目。

諸子類第六

儒術

道家：分老子、莊子、諸子、陰符經、黃庭經、參同契、目錄、傳、記、論、書、經、科儀、符籙、吐納、胎息、內視、道引、辟穀、內丹、外丹、金石藥、服餌、房中、修養二十五目。

釋家：分傳記、塔寺、論議、銓述、章鈔、儀律、目錄、音義、頌贊、語錄十目。

法家

名家

墨家

縱橫家

雜家

農家

小說家

兵家：分兵書、軍律、營陣、兵陰陽、邊策五目。

天文類第七

天文：分天象、天文總占、竺國天文、五星占、雜星占、日月占、風雲氣候占、寶氣八目。

曆數：分正曆、曆術、七曜曆、雜星曆、刻漏五目。

五行類第八

易占、軌革、筮占、龜卜、射覆、占夢、雜占、風角、鳥情、逆刺、遁甲、太一、九宮、六壬、式經、陰陽、元辰、三命、行年、相法、相笏、相印、相字、堪輿、易圖、婚姻、產乳、登壇、宅經、葬書三十小類。

藝術類第九

射、騎、畫錄、畫圖、投壺、奕碁、博塞、象經、摴蒱、彈碁、打馬、雙陸、打毬、彩選、葉子格、雜戲格十六小類。

醫方類第十

脈經、明堂鍼灸、本草、本草音、本草圖、本草用藥、炮炙、方書、單方、胡方、寒食散、病源、五臟、傷寒、腳氣、嶺南方、雜病、瘡腫、眼藥、口齒、婦人、小兒、食經、香薰、粉澤二十六小類。

類書類第十一

文類第十二

楚辭、歷代別集、總集、詩總集、賦、贊頌、箴銘、碑碣、制誥、表章、啓事、四六、軍書、案判、刀筆、俳諧、奏議、論、策、書、文史、詩評二十二小類。

我國目錄之書，分類多僅至兩級而至，而藝文略中，既分「類」矣，類下復分「家」數，家下更分「種」焉，是則鄭氏匠心獨運，戛戛獨造者也，自是以後，明清兩代，言目錄者，多加沿襲，分類至於三級，則不能不推鄭樵之特識與首創也。

第五節　書目答問

清德宗光緒元年（西元一八七五年），張之洞任四川學政時，撰成書目答問一書，此書之作，本為告語生童，指示讀書門徑而設，此書分類，大抵仍依四庫全書，分為經史子集四部，每部之中，又分爲若干小類，則不全依四庫子目，每類中之書籍，大約皆依時代先後爲次，唯於四部之外，別立一「叢書」之部，張氏嘗云：「叢書最便學者，爲其一部之中，可該群籍，蒐殘存佚，爲功尤鉅，欲多讀古書，非買叢書不可，其中經史子集皆有，勢難隸於四庫，故別爲類。」叢書之刻，明清以來，盛極一時，張氏於四部之外，別立一部，以收叢書，可謂特識。其他，如經部分爲「正經正注」、「列朝經注經本考證」、「小學」三類，子部專立「周秦諸子」一類，集部於清人別集，按各家學派而分，有「理學家集」、「考訂家集」、「古文家集」、「駢體文家集」、「詩家集」、「詞家集」，凡此，皆過往公私書目所無，而爲答問一書所新創者也。

書目答問之體例，於每部之下，各有一行文字，敘述該部所收書籍情形，各部中每類之下，間或亦有一行文字，以說明該類所收書籍情形，各類之末，間附按語，說明該類各書之價值，每書著錄次序，先書名、次卷數、次版本校勘等情形，或於其尤爲重要書籍之下，加注按語，以指點閱讀門徑，如郝懿行爾雅義疏下注云：「郝勝於邵。」朱駿聲說文通訓定聲下注云：「甚便初學。」是故書目答問於每書之下，雖不附解題，然其功用，亦不以此而稍減，余嘉錫目錄學發微嘗云：「張氏蓋能適用鄭氏『類例既分，學術自明』之法者也，而其有功於學者，尤在『視其性之所近，使各就其部求之』，不愧爲指導門徑之書。」實則，書目答問一書，不僅爲指導讀書門徑之用，且其約舉要籍，詳注版刻，實亦集國學書目、版本目錄、解題目錄之功用於一身，是以刊印以來，廣受重視，讀書學子，幾於人手一冊，至於今日，仍然有其一定之價值存在也。

書目答問所收之書，共達二千二百餘種，多係精校精注，常見習用之本，而並無炫奇示博，講求古本之處，如書首略例嘗云：「經部舉學有家法，實事求是者，史部舉義例雅飭者，子部舉近古及有實用者，集部舉最著者，叢書舉多存古書，有關實用，校勘精審者。」初學之士，常備此書，確實可以按圖索驥，而有左右逢源之樂。

答問之末，所附「群書讀本」、「詞章初學各書」、「童蒙幼學各書」，其在今日，已不適用，然其所附「國朝著述家姓名略」，則可視爲清代學術史之縮影，極具參考之意義也。

書目答問一書，爲張之洞所撰，本無問題，唯繆荃孫自撰之藝風老人年譜嘗云：「光緒元年，年三十二，八月，執贄張孝達先生門下，命撰書目答問四卷。」柳詒徵所撰書目答問補正序亦云：「文襄之書，故繆藝風師代撰。」是答問一書，究出誰手，不免有所疑慮，唯繆氏所撰半巖厂所見書目序有云：「同治甲戌，南皮師相督四川學，有書目答問之編，荃孫時館吳勤惠公（棠）督署，隨同助理。」隨同助理之與代撰，本自不同，陳援庵有藝風年譜與書目答問一文，曾據新得光緒二年張之洞與王懿榮手札（此札張文襄公全集未載）有云：「弟在此刊書目一卷，以示生童，意在開擴見聞，指示門徑，分別良楛……其間舛漏必多，特寄上一本，請爲補正，至感，補正後，請分條疏於別紙，速即寄川，以便改補，又另本並一函，寄繆小山進士，望轉交，屬其訂正，亦即詳列見覆爲要。」是則書目答問一書，刻成以後，由蜀寄京，由王懿榮轉交繆氏，屬加訂正，此與寄請王氏補正，用意相同，唯繆氏先爲張氏助理，又復爲之訂正也，陳援庵以爲，書目答問

「書中所述，與張之洞生平所論，及其後勸學篇諸作，同出一轍，而與藝風學派不同」，「終覺年譜命撰之說，稍爲過當」，則書目答問作者，仍當屬之於張之洞也。

書目答問成書於光緒初年，嗣後，古籍重刊，學術新著，層出不窮，歷時愈久，答問一書，亦愈感不足，淮陰范希曾氏，乃有書目答問補正之作，范氏所補正者，其一，糾正原書之錯繆甚多，其中有書名之誤，作者之誤，卷數之誤，版本之誤者，范氏皆一一爲之糾正。其二，原書每類之後，范氏多補入後出之精校精注之本，且多注明藏書之地點，以便於尋訪。其三，范氏補正，每書之下，間有極精到之評語。其四，凡原書於作者部分，言「今人」、「國朝人」、「英國人」者，范氏多爲之補出姓名。

百餘年來，答問一書，刊刻重印，次數極夥，承學之士，視爲津梁，而踵續整理者，亦不乏人，如江人度有書目答問箋補、葉德輝有書目答問斠補、蒙文通有書目答問補正批注、王緜有書目答問補正索引，此亦足以反映，書目答問一書，時至今日，仍然有其實用之價值也。

第六章　原　理

第一節　鄭樵與校讎略

我國目錄之書，出現甚早，自別錄七略以下，目錄之書，代有作者，然而劉向歆父子以後，千餘年間，迄於鄭樵漁仲，始有專治目錄學之書籍，鄭樵所撰通志二百卷，其中最切要者，乃記載典章制度之二十略，二十略中，其校讎略乃闡發鄭氏對於目錄學之理論，藝文略乃鄭氏對於目錄學理論之實踐，兩者互爲表裏，相輔爲用，鄭氏通志總序有云：「冊府之藏，不患無書，未聞其法，欲三館無素餐之人，四庫無蠹魚之簡，千章萬卷，日見流通，故作校讎略。」以下，即就校讎略，敘述鄭氏有關目錄學之理論。

一、**圖書分類**

部類圖書，章明學術，爲目錄學之目的，鄭樵論分類之法，特重學術流別，其校讎略編次必謹類例論有云：

學之不專，爲書之不明也，書之不明者，爲類例之不分也，有專門之書，則有專門之學，

有專門之學，則有世守之能，人守其學，學守其書，書守其類，人有存沒，而學不息，世有變故，而書不亡，以今之書，校古之書，百無一存，其故何哉？士卒之亡者，由部伍之法不明也，書籍之亡者，由類例之法不分也，類例分，則百家九流，各有條理，雖亡而不能亡也。

目錄記載書籍，書籍記載學術，欲求學術章明，必先部次圖書，欲求部次圖書，必先細分類例，類例既爲細分，有條而不紊，乃可以即類求書，因書而究其學也，鄭氏又云：

類書猶持軍也，若有條理，雖多而治，若無條理，雖寡而紛，類例不患其多也，患處多之無術也。

又云：

類例既分，學術自明，以其先後本末具在，觀圖譜者，可以知圖譜之所始，觀名數者，可以知名數之相承，讖緯之學，盛於東都，音韻之書，傳於江左，傳注起於漢魏，義疏成於隋唐，覩其書，可以知學之源流。

鄭樵以爲，部次圖書，必使有倫有脊，詳分類目，類目既能分明，學術自易章顯，故鄭氏以總持軍旅，部次行伍，各有專轄，以喻條理圖書，亦必當有其分類之義例也，校讎略編次之訛論云：

又云：

一類之書，當集在一處，不可有所間也。

隋志最可信，緣分類不考，故亦有重複者，嘉瑞記、祥瑞記二書，既出雜傳，又出五行，諸葛武侯集誡、衆賢誡、曹大家女誡、正順志、娣姒訓、女誡、女訓，凡數種書，既出儒類，又出總集，衆僧傳、高僧傳、梁皇大捨記、法藏目錄、玄門寶海等書，既出雜傳，又出雜家，如此之類，實由分類不明，是致差互。

圖書分類，凡同一類別，性質相同者，必使集於一處，唯分類不明，體例不一者，乃易使圖書錯雜，尋覓不易也，校讎略不類書而類人論云：

古之編書，以人類書，何嘗以書類人哉？人則於書之下，注姓名耳，唐志一例削注，一例大書，遂以書類人，且如別集類自是一類，總集自是一類，奏集自是一類，令狐集百三十卷，當入別集類，表奏十卷，當入奏集類，如何取類於令狐楚，而別集與奏集不分，皮日休文數十卷，當入總集類，文集十八卷，當入別集類，如何取類於皮日休，而總集與別集無別，詩自一類，賦自一類，陸龜蒙有詩十卷，賦六卷，如何不分詩賦，而取類於陸龜蒙。

圖書分類，自當以圖書爲主，視其性質，以爲入類之準，反之，如以作者爲主，則同一作者，而有數種著作，性質各不相同，勢必歸入同一作者名下，而圖書性質類別，無從區分之矣，而唐志於此一方面，其例最多，故鄭樵於不類書而類人論中又云：

按隋志於書，則以所作之人，或所解之人，注其姓名於書之下，文集則大書其名於上，曰某人文集，不著注焉，唐志因隋志係人於文集之上，遂以他書一概如是。

又云：

唐志以人置於書之上，而不著注，大有相妨，如管辰作管輅傳三卷，唐省文例去作字，則當曰管辰管輅傳，是二人共傳也，如李邕作狄仁傑傳三卷，當去作字，則當曰李邕狄仁傑傳，是二人共傳也，又如李翰作張巡姚誾傳三卷，當去作字，則當曰李翰張巡姚誾傳，是三人共傳也，若文集置人於上，則無相妨，曰某人文集可也，即無某人作某人文集之理，所志唯文集置人於上，可以去作字，可以不著注，而於義無妨也。

隋書經籍志於集部別集類，以作者姓名著錄於文集之上，曰某人文集，而文集之下，不更名注作者姓名，如「漢中書令司馬遷集一卷」、「後漢劉珍集二卷」之類，然此唯別集之類，可以行之，故隋志經史子三部，皆不如是著錄，而唐志仿效隋志集部，一例如是，則書名與作者之名，時相混淆矣。校讎略見名不見書論云：

編書之家，多是苟且，有見名不見書者，有看前不看後者，尉繚子，兵書也，班固以為諸子類，置於雜家，此之謂見名不見書，隋唐因之，至崇文目，始入兵書類。顏師古作刊謬正俗，乃雜記經史，唯第一篇說論語，而崇文目以為論語類，此之謂看前不看後，應知崇文所釋，不看全書，多只看帙前數行，率意以釋之耳，按刊謬正俗，當入經解類。

鄭氏以為，部次圖書，誠當謹慎從事，不僅書必經手，且當詳為審視，然後定其類別，否則，「見名不見書」之誤，「看前不看後」之弊，亦不能免矣。

二、圖書編次

部次圖書，既分類矣，而每一類中，所有圖書，仍當有其一定之先後次第，據以編目，方稱合度，校讎略編次有敘論云：

> 隋志每於一書而有數種學者，雖不標別，然亦有次第，如春秋三傳，雖不分爲三家，而有先後之列，先左氏，次公羊，次穀梁，次國語，可以次求類，唐志不然，三傳國語，可以渾而雜出，四家之學，猶方圓冰炭也，不知國語之文，可以同於公穀，公穀之義，可以同於左氏者乎？

每一類中，書籍次第，若無標準義例，混而同之，不僅求書不便，書亦易於亡佚，是編次圖書，誠不可以不愼也，故鄭樵以爲，「書之易亡，亦由校讎之人失職故也」（見校讎略編次失書論），故鄭氏論校讎圖書，不僅編目必有次第，即亡佚未見之書，亦特爲記其名目，以備蒐求之便，校讎略編次必記亡書論云：

> 古人亡書有記，故本所記而求之，魏人求書，有闕目錄一卷，唐人求書，有搜訪圖書目一卷，所以得書之多也。

又云：

> 古人編書，必究本末，上有源流，下有沿襲，故學者亦易學，求者亦易求，謂如隋人於歷一家，最爲詳明，凡作歷者幾人，或先或後，有因有革，存則俱存，亡則俱亡，唐人不能

記亡書，然猶紀其當代作者之先後，必使具在而後已，及崇文四庫，有則書，無則否，不唯古書難求，雖今代憲草亦不備。

又云：

古人編書，皆記其亡闕，所以仲尼定書，逸篇具載，王儉作七志已，又條劉氏七略及二漢藝文志、魏中經所闕之書爲一志，阮孝緒作七錄已，亦條劉氏七略及班固漢志、袁山松後漢志、魏中經、晉四部所亡之書爲一錄，隋朝又記梁之亡書，自唐以前，書籍之富者，爲亡闕之書有所系，故可以本所系而求，所以書或亡於前而備於後，不出於彼而出於此，及唐人收書，只記其有，不記其無，是致後忘人其名系，所以崇文四庫之書，比於隋唐，亡書極多，而古書之亡尤甚焉。

編次圖書，以爲書目，必當有標準義例之外，鄭氏又嘗以爲，欲明圖書源流，學術變革，則亡佚未見之書，亦當予以著記，以備後世尋求探訪，有所依憑，故鄭氏於王儉阮孝緒之記錄亡書，亦時加稱許也，校讎略編次之訛論云：「凡編書每一類成，必計卷帙於其後。」上述兩事，皆係沿自隋書經籍志之成法者也。

三、泛釋無義

自劉向歆父子撰著別錄七略之後，篇目、敘錄、小序，即成爲目錄學體制之要素，然而鄭樵於校讎略中，主張部次圖書，宜當詳分類例，以爲「類例既分，學術自明」，無庸更加敘錄解題，此其說也，頗爲特殊，校讎略泛釋無義論云：

古之編書，但標類而已，未嘗注解，其著注者，人之姓名耳，蓋經入經類，何必更言經，史入史類，何必更言史，但隨其凡目，則其書自顯，唯隋志於疑晦者則釋之，無疑晦者，則以類舉，今崇文總目出新意，每書之下，必著說焉，據標類自見，何用更爲之說，且爲之說也，已自繁矣，何用一一說焉，至於無說者，或後書與前書不殊者，則強爲之說，使人意怠，且太平廣記者，乃太平御覽別出，廣記一書，專記異事，奈何崇文之目，所說不及此意，但以謂博採群書，以類分門，凡是類書，皆可博採群書，以類分門，不知御覽之與廣記，又何異，崇文所釋，大概如此，舉此一條，可見其他。

敘錄解題，所以明作者之生平，記書籍之要旨，評立言之得失者也，而鄭樵乃謂之爲無用，蓋鄭氏所撰藝文略中，詳分部類，大別爲一十二類，區分爲一百五十五項，更詳析爲二百八十四目，自有目錄以來，分類部次，未有如是之細密者也，鄭氏既詳分部類，細別子目，各標名稱，是以即目求書，因書究學，而一書之大旨，已可窺知，目錄之功效，已足顯現，有此實踐，故鄭氏於校讎略中，乃主張「泛釋無義」，而不采敘錄之體制也，校讎略書有不應釋論云：

凡編書皆欲成類，取簡而易曉，如文集之作甚多，唐人所作，自是一類，宋朝人所作，自是一類，但記姓名可也，何須一一言唐人撰，一一言宋朝人撰，然崇文之作，所以爲衍文者，不知其爲幾何，此非不達理也，著書之時，元不經心耳。

又云：

實錄自出於當代，按崇文總目有唐實錄十八部，既謂唐實錄，得非出於唐人之手，何須一一釋云唐人撰。

又云：

有應釋者，有不應釋者，崇文總目必欲一一爲之釋，間有見名知義者，亦彊爲之釋，如鄭景岫作南中四時攝生論，其名自可見，何用釋哉？如陳昌胤作百中傷寒論，其名亦可見，何必曰，百中者，取其必愈乎？

鄭氏以爲，「編書皆欲成類，取簡而易曉」，故主張「泛釋無義」，然書目之中，亦非截然不采敘錄，故鄭氏已謂，圖書編目，亦「有應釋者」矣，校讎略書有應釋論云：

隋志於他類，只注人姓名，不注義說，可以睹類而知義也，如史家一類，正史編年，各隨朝代易明，不言自顯，至於雜史，容有錯雜其間，故爲之注釋，其易知者則否，唯霸史一類，紛紛如也，故一一具注，蓋有應釋者，有不應釋者，不可執一概之論，按唐志有應釋者而一概不釋，謂之簡，崇文有不應釋者而一概釋之，謂之繁，今當觀其可不可。

循鄭氏此意，則是以爲，敘錄之體，當視其可與不可，而各適其用，而不必堅持一概之論，決然捨棄敘錄，然而，就鄭氏校讎略中所論與藝文略中之實踐所見，則鄭氏主張，仍以爲「泛釋」爲「無義」也。

四、蒐求圖書

鄭樵所論目錄校讎，於圖書之分類編目以外，其最重者，厥爲蒐求圖書之方法，蓋鄭氏爲學，一則主通史之例，一則亦有鑑於歷代典籍，多所亡佚，故於校讎略中，力陳尋訪圖書之重要，校讎略求書之道有八論云：

求書之道有八，一曰即類以求，二曰旁類以求，三曰因地以求，四曰因家以求，五曰求之公，六曰求之私，七曰因人以求，八曰因代以求。

所謂即類以求，如「星曆之書，求之靈臺郎，樂律之書，求之太常樂工」者是也。所謂旁類以求，如「性命道德之書，可以求之道家，小學文字之書，可以求之釋氏」者是也。所謂因地以求，如「零陵先賢傳，零陵必有，桂陽先賢贊，桂陽必有」者是也。所謂因家以求，如「徐寅文賦，今莆田有之，以其家在莆田，潘佑文集，今長樂有之，以其後居長樂」者是也。所謂求之公，如「斷獄之書，官制之書，版圖之書，今官府有不經兵火處，其書必有存者」是也。所謂求之私，如「書不存於祕府，而出於民間者甚多」者是也。所謂因人以求，如「鄉人李氏，曾守和州，其家或有沈氏之書」者是也。所謂因代而求，如「書之難求者，爲其久遠而不可迹也，若出近代人之手，何不可求之」者是也。歷時既久，書有亡佚，然而鄭氏以爲，苟善求之，循其八法，則書籍多有名雖亡而實不亡者存焉，校讎略書有名亡實不亡論云：

書有亡者，有雖亡而不亡者，有不可以不求者，有不可求者，文言略例雖亡，而周易具在，漢魏吳晉鼓吹曲雖亡，而樂府具在，三禮目錄雖亡，可取諸三禮，十三代史目錄雖亡，可取諸十三代史，常鼎寶文選著作人名目錄雖亡，可取諸文選，孫玉汝唐列聖實錄雖亡，可取諸唐實錄……毛詩蟲魚草木圖，蓋本陸機疏而爲，圖今雖亡，有陸機疏在，則其圖可圖也，爾雅圖，蓋本郭璞注而爲，圖今雖亡，有郭璞注在，則其圖可圖也。

上舉諸書，鄭氏以爲，皆名雖亡而實未亡者，故可以各就其宜，依例求之，又鄭氏論尋訪圖書，以爲「古之書籍，有不足於前朝，而足於後世者」，「有不出於當時，而出於後代者」，「有上代所無，而出於今民間者」，凡此各項，皆可以觸類引申，細加勘尋，以資訪求者也，校讎略求書遣使校書久任論云：

求書之官，不可不遣，校書之任，不可不專，漢除挾書之律，開獻書之路久矣，至成帝時，遣謁者陳農，求遺書於天下，遂有七略之藏，隋開皇間，奇章公請分遣使人，搜訪異本，後嘉則殿藏書三十七萬卷，祿山之變，尺簡無存，乃命苗發等，使江淮括訪，至文宗朝，遂有十二庫之書，唐之季年，猶遣監察御史諸道，搜求遺書，知古人求書欲廣，必遣官焉，然後山林藪澤，可以無遺，司馬遷世爲史官，劉向父子校讎天祿，虞世南顏師古相繼爲祕書監，令狐德棻三朝當修史之任，孔穎達一生不離學校之官，若欲圖書之備，文物之興，則校讎之官，豈可不久其任哉！

求書校書，必當令專官久任，若漢代劉向歆父子及任宏尹咸李柱國等人，既屬專官，用其所長，又能久在其任，是故校理圖書，乃能使圖書典籍，蒐訪無遺，文獻大備，而學術章著也。

通志二十略中，又有圖譜一略，鄭氏以爲，「圖至約也，書至博也，即圖而求易，即書而求難，古之學者，爲學有要，置圖於左，置書於右，索象於圖，索理於書，故人亦易爲學，學亦易爲功」，故鄭氏於古代目錄學家，最推崇任宏之校兵書，王儉之撰七志，以二人皆有專門部次，著錄圖譜也，要之，左圖右史，參互其間，可以得逢源之樂，是圖譜之用，亦與目錄學之原理有關，因附論鄭氏所見於此，以供參稽。

第二節　祁承㸁與庚申整書略例

祁承㸁字爾光，浙江山陰人，明萬曆中進士，累官至江西右參政，性喜藏書，其澹生堂爲明代著名之藏書樓，收藏書籍達十餘萬卷，所撰澹生堂藏書目十四卷，頗爲世人所重，祁氏於明宗萬曆庚申四十八年（當西元一六二〇年），撰成庚申整書略例，推究圖書分類方法，凡有四種：

一曰因，因者，因四部之定例也。部有類，類有目，若絲之引緒，若網之就綱，井然有條，雜而不紊，故前此而劉中壘之七略，王仲寶之七志，阮孝緒之七錄，其義例不無取裁，而要以類聚得體，多寡適均，唯荀氏之四部稱焉，兩漢以下，志藝文者，無不守爲功令矣，若嘉隆以來，陸文裕公之藏書，分十三則……沈少司空，稍爲部署（分十二則）……雖各出新裁，別立義例，然而王制之書，不能當史之一，史之書，不能當集之三，多者則叢聚而易淆，寡者又寂寥而易失，總不如經史子集之分，簡而盡，約而且詳，循序倣目，檢閱收藏，莫此爲善。

祁氏所謂「因」者，乃因襲四部分類之法，蓋自七略以下，圖書分類，要以七分四部，沿用最多，此其間也，雖有不守七分四部之法，如鄭樵藝文略與孫星衍孫氏祠堂書目，各分爲十二類者，然而，祁氏以爲，不守四部成規，則各類之中，書籍多寡，不易平均，「多者則叢聚而易淆，寡者又寂寥而易失」，皆不如四部分類，「簡而盡，約而且詳」，故祁氏於所撰澹生堂藏書目中，雖不標經史子集之名，一究其實，仍採行四部分類者也，祁氏庚申整書略例，以爲凡前人所分部類，其有簡明易曉，切於適用者，則可以因襲取用，而「不嫌襲故」也。庚申整書略例又云：

一曰益，益者，非益四部之所本無也，而似經似子之間，亦史亦玄之語，類無可入，則不得不設一目以彙收，而書有獨裁，又不可不列一端以備考，故洪荒邈矣，而竹書紀年之後，有荒史，有邃古記，有考信等編，世代繁矣，而皇極經世之後，有稽古錄，有世略治統等書，此數十種書，皆詳於十許卷之中，約千萬年之事，既非正史之敘述，亦非稗史之瑣言，蓋於記傳之外，自爲一體也，故益以約史者一。性理一書，奉欽纂于文皇，雖近錄宋儒之詮述，而言乎天地之間則備矣。他如伊洛淵源、近思錄、及眞文忠公之讀書記、黃東發之日抄，與湛文簡公之聖學格物通，王文成公之則言、傳習錄，或援經釋傳，或據古證今，此皆六經之註腳，理學之白眉，豈可與諸子並論哉？故於經解之後，益以理學者二。代制出於王言，非臣子所敢自擅，經筵關乎主德，非講義之可例觀，然而兩者皆無專刻，唯各取本集之所載，而特附其名目於詔制經解之內，故益代言經筵者三。叢書之目，不見於古，而冗編之著，疊出於今，既非旁搜博採，以成一家之言，復非別類分門，以爲考覽之助，合經史而兼有之，採古今而並集焉，如後世所刻百川學海、漢魏叢書、古今逸史、百名家書、稗海、秘笈之類，斷非類家所可併收，故益以叢書者四。文有滑稽，詩多艷語，搜耳目未經見之文，既稱逸品，摘古今所共賞之句，獨誇粹裘，非可言集，而要亦集之餘也，益餘集者五。其他各目所增，固難概數。

祁氏所謂「益」者，乃於四部本有之書，以其性質獨特，無可入類，而別設一新目以收之者，如祁氏所舉之「約史」、「理學」、「代言經筵」、「叢書」、「餘集」等是也。庚申整書略例又云：

通者，流通於四部之內也，事有繫於古而簡於今，書有備於前而略於後，故一史記也，在太史公之撰著，與裴駰之註，司馬貞之索隱，張守節之正義，皆各爲一書者也，今正史則兼收之，是一書而得四書之實矣，一文選也，昭明之選與五臣之註，李善之補，皆自爲一集，今行世者，則併刻之，是一書而得三書之用矣，所謂以今之簡，可以通古之繁者，此也，至於前代制度，特悉且詳，故典故起居注及儀注之類，不下數百部，而今且寥寥也，則視古爲略矣，故附記注於小史，附儀注於國禮，附食貨於政實，附曆法於天文，此皆因繁以攝簡者也。古人解經，存者十一，如歐陽公之易童子問，王荆公之卦名解，曾南豐之洪範傳，皆有別本，而今僅見於文集之中，唯各摘其目，列之本類，使窮經者知所考求，此皆因少以會多者也。又如靖康傳信錄、建炎時政記，此雜史也，而載于李忠定公之奏議，宋朝祖宗事實及法制人物，此記傳也，而收於朱晦翁之語錄，如羅延平之集，而尊堯錄則史矣，張子韶之集，而傳心錄則子矣，他如瑣記稗史小說詩話之類，各自成卷，不行別刻，而附見於本集之中者，不可枚舉，即如弇州集之藝苑卮言、宛委餘編，又如馮元敏集之藝海洞酌、經史稗談，皆按籍可見，人所知也，而元美之名卿蹟記、元敏寶善編，即其集中之小傳者，是兩書久矣不行，苟非爲之標識其目，則二書竟無從考矣，凡若此類，今皆悉爲分載，特明註原在某集之內，以便檢閱，是亦收藏家一捷法也。

祁氏所謂「通」者，則以一書之內，往往性質不同，置於本類，雖亦合度，摘其部分，別載他類，亦甚相宜，且注明原載某書，此即一書而可分載多類之中，故曰流通於四部之內也。庚申整書略例又云：

一曰互，互者，互見於四部之中也，作者既非一途，立言亦多旁及，有以一時之著述，而倏爾談經，倏爾論政，有以一人之成書，而或以摭古，或以徵今，將安所取衷乎？故同一書也，而於此則爲本類，於彼則爲應收，同一類也，收其半於前，有不得不歸其半於後，如皇明詔制，制書也，國史之內，固不可遺，而詔制之中，亦所應入，如五倫全書，敕纂也，既不敢不尊王而入制書，亦不可不從類而入纂訓，又如焦氏易林、周易古林，皆五行家也，而易書占筮之內，亦不可遺，又如王伯厚之玉海，則玉海耳，鄭康成之易、詩、地理之考、六經天文、小學紺珠，此於玉海何涉，而後人以便於考覽，總列一書之中，又安得不各標其目，毋使溷淆者乎，其他如水東日記、雙槐歲抄，陸文裕公之別集，于文定公之筆麈，雖國朝之載筆，居其強半，而事理之詮論，亦略相當，皆不可不各存其目，以備考鏡，至若木鐘臺集、間雲舘別編、歸雲別集外集，范守己之御龍子集，如此之類，一部之中，名籍不可勝數，又安得概以集收，溷無統類？故往往有一書而彼此互見，有同集而名類各分者，正爲此也。

祁氏所謂「互」者，蓋古籍之中，往往性質龐雜，就其偏重之某種內容而言，可以入之本類，以其偏重之另一內容觀之，亦可改隸他類，編書目者，可於兩類之中，皆予著錄此書，而於兩類書名之下，注明別類名稱，此即言「互」之意義也。

上述四法，以「通」「互」二種，尤爲重要，蓋於分類時有此兩法，則檢閱書籍時，依類以求，不致遺漏，旁類而求，亦可互舉，故通互二法，對於圖書之分類編目，尤爲重要焉。及其後也，章學誠撰校讎通義，特重別裁互著二法，以爲部次圖書，章明學術之用，至其內容，則「別裁」與「通」相近，「互著」與「互」相似也。

祁承㸁澹生堂藏書，以一私人之力，而竟聚至十餘萬卷，不可謂之不多，其蒐集網羅圖書之法，亦有可資借鏡之處，昔鄭樵論求書之道，約舉八項，而祁氏「每師其意，窮搜博採」（見祁承㸁之子彪佳所著寓山注卷下八求樓篇），除心師鄭樵求書八法之外，承㸁亦提出三項求書原則，其藏書訓略有云：

夫購書無他術，眼界欲寬，精神欲注，而心思欲巧。

所謂「眼界欲寬」者，蓋藏書之家，必當博學多識，熟悉圖書線索，所謂「精神欲注」者，則以藏書之家，必當鍥而不捨，專意圖書徵訪，所謂「心思欲巧」者，則是藏書之家，必當展轉多方，勾稽圖書殘存，此三項者，於蒐集圖書方面，確屬心得之言，亦可以彌補鄭樵八法之不足，而可以相得益彰，至於祁氏藏書之法，亦有可以稱道者，藏書訓略云：

子孫取讀者，就堂檢閱，閱竟即入架，不得入私室，親友借觀者，有副本則以應，無副本則以辭，正本不得出密園外。

祁氏藏書訓略中，又嘗告誡子孫云：「子孫能讀者，則以一人盡居之，不能讀者，則以眾人遞守之，入架者不復去，蠹嚙者必速補。」此固可見祁氏愛書之精神，亦可見其藏書之方法，與夫整理圖書之技術也。

第三節　章學誠與校讎通義

章學誠字實齋，浙江會稽人，生於清乾隆三年，卒於嘉慶六年（西元一七三八年至一八〇一年），當其時也，考據之學，最爲興盛，而學誠乃獨持文史校讎之學，著文史通義及校讎通義，前者發明史學義例，後者討論校讎心法，章氏之學，當時無赫赫之名，及至近代，始特受世人之重視焉，茲略分條目，以敘述章氏對於校讎目錄之見解。

一、明宗旨

章氏校讎通義自敘云：

校讎之義，蓋自劉向父子，部次條別，將以辨章學術，考鏡源流，非深明於道術精微，群言得失之故者，不足與此。後世部次甲乙，紀錄經史者，代有其人，而求能推闡大義，條別學術異同，使人由委溯源，以想見於墳籍之初者，千百之中，不十一焉。鄭樵生千載而後，慨然有會於向歆討論之旨，因取歷朝著錄，略其魚魯豕亥之細，而特以部次條別，疏通倫類，考其得失之故，而爲之校讎，蓋自石渠天祿以還，學者所未嘗窺見者也。顧樵生南宋之世，去古已遠，劉氏所謂七略別錄之書，久已失傳，（唐志尚存，宋志已逸，嗣是不復見矣）所可推者，獨班固藝文一志，而樵書首譏班固，凡所推論，有涉於班氏之業者，皆過爲貶駁之辭，蓋樵爲通史，而固則斷代爲書，兩家宗旨，自昔殊異，所謂道不同不相爲謀，無足怪也，獨藝文爲校讎之所必究，而樵不能平氣以求劉氏之微旨，則於古人大體，終似有所未窺。

章氏於校讎通義自敘之中，首揭「辨章學術，考鏡源流」，爲校讎目錄之宗旨，又盛推劉向歆父子，爲能闡揚斯學之大義，復以鄭樵負氣求勝，討論班書，猶有欠缺，未得精微，故章氏遂乃別撰校讎通義，以上推七略別錄之隱微，而即以「原道」、「宗劉」、「補鄭」等義，爲其書之重點也。

二、溯原始

章氏嘗自歷史發展觀點，以論我國圖書目錄之產生，校讎通義原道第一云：

古無文字，結繩之治，易之書契，聖人明其用曰：「百官以治，萬民以察。」夫爲治爲察，所以宣幽隱而達形名，蓋不得已而爲之，其用足以若是焉斯已矣，理大物博，不可殫也，聖人爲之立官分守，而文字亦從而紀焉。有官斯有法，故法具於官，有法斯有書，故官守其書，有書斯有學，故師傳其學，有學斯有業，故弟子習其業。官守學業皆出於一，而天下以同文爲治，故私門無著述文字，私門無著述文字，則官守之分職，即群書之部次，不復別有著錄之法也。

章氏以爲，上古之世，理大物博，聖人不能殫盡萬民之事，故立官分守，而文字之用，亦由是以生，而後有官有法，有書有學，於是官守學業，遂合爲一，是以私門民間，自亦不能有著述文字，章氏嘗謂，「後世文字，必溯源於六藝，六藝非孔氏之書，乃周官之舊典也，易掌太卜，書藏外史，禮在宗伯，樂隸司樂，詩領於太師，春秋存乎國史」，「又安有私門之著述哉」（見校讎通義原道）」，章氏又謂，「周官之籍富矣」，「當日典籍具存，而三百六十三篇，即以官秩爲之部次，文章安得散也」（見和州志藝文略明詩篇），章氏既以六藝爲周官之舊典，私門無著述文字，文字著述，皆掌於周官之手，而周官三百六十官員，即分掌各種典籍，官既不同，書亦有異，則當時之典籍，「即以官秩爲部次」，官職不同，即自然分別圖書之異，是當時「官守之分職，即群書之部次」，故章氏以爲，此即圖書目錄之起源，「不復別有著述之法也」。

三、說互著

昔者，鄭樵之論分類編次之訛，有云：「古今編書，所不能分者五，一曰傳記，二曰雜家，三曰小說，四曰雜史，五曰故事，凡此五類之書，足相紊亂。」蓋以書有性質龐雜，極易混淆者，編書之時，其入類取捨之際，不免使人難以定奪，章學誠撰校讎通義，於此疑難問題，提出「互著」與「別裁」二法，以爲編目之助，以爲「辨章學術，考鏡源流」之用，校讎通義互著第三云：

古人著錄，不徒爲甲乙部次計，如徒爲甲乙部次計，則一掌故令史足矣，何用父子世業，閱年二紀，僅乃卒業乎？蓋部次流別，申明大道，敘列九流百氏之學，使之繩貫珠聯，無少缺逸，欲人即類求書，因書究學，至理有互通，書有兩用者，未嘗不兼收並載，初不以重複爲嫌，其於甲乙部次之下，但加互注，以便稽檢而已。古人最重家學，敘列一家之書，凡有涉此一家之學者，無不窮源至委，竟其流別，所謂著作之標準，群言之折衷也，如避重複而不載，則一書本有兩用，而僅登一錄，於本書之體，既有所不全，一家本有是書，而缺而不載，於一家之學，亦有所不備矣。

目錄部次，本在使書籍「繩貫珠聯」，使讀者「即類求書，因書究學」，然而一書之中，若其性質龐雜，「理有互通，書有兩用」者，則必當運用「互著」之法，使書入兩類，俾使讀者，檢書之時，「無少缺逸」也，蓋「書之易混者，非重複互注，無以免後學之牴牾，書之相資者，非重複互注之法，無以究古人之源委」，故「不知互注之法，則遇兩歧牽掣之處，自不覺其牴牾錯雜，百弊叢生」（見校讎通義互著），是章氏互著之論，不僅能彌補鄭樵所論編書不易分類之缺失，且其互著之說，或即經由鄭樵此論之影響，而致創立此重複互著之方法者，亦未可知，校讎通義互著第三又云：

劉歆七略亡矣，其義例之可見者，班固藝文志注而已，（班固自注，非顏注也）七略於兵書權謀家有伊尹太公管子荀卿子（漢書作孫卿子）鶡冠子蘇子蒯通陸賈淮南王九家之書，而儒家復有荀卿子陸賈二家之書，道家復有伊尹太公管子鶡冠子四家之書，縱橫家復有蘇子蒯通二家之書，雜家複有淮南王一家之書，兵書技巧家有墨子，而墨家複有墨子之書，惜此外之重複互見者，不盡見於著錄，容有散逸失傳之文，然即此十家之一書兩載，則古人之申明流別，獨重家學，而不避重複著錄明矣，自班固併省部次，而後人不復知有家法，乃始以著錄之業，專爲甲乙部次之需爾。

章氏據漢書藝文志中班固自注，以探究七略之面貌，以發明劉歆編撰七略之義例，而謂七略之中，劉歆已自有「互著」之應用，蓋章氏以爲，兵書略中伊尹等十書，若其不爲班固所省，則正屬「書有兩用」，「一書兩載」之「互著」方法也。然就書中篇數言之，則漢志諸子略儒家載孫卿子三十三篇，陸賈二十三篇，道家載伊尹五十一篇，太公二百三十七篇，管子八十六篇，鶡冠子一篇，縱橫家載蘇子三十一篇，蒯子五篇，雜家載淮南內二十一篇，外三十三篇，共爲五百三十一篇，若更加墨家墨子七十一篇，則共爲五百九十二篇。而漢志兵書略權謀家末班固注云：「省伊尹太公管子孫卿子鶡冠子蘇子蒯子陸賈淮南王二百五十九篇重（原文「篇重」作「種」，此據姚振宗漢書藝文志條理引劉奉世說改）。」又技巧家末班固注云：「省墨子重。」而兵書略末班固自注總云：「省十家，二百七十一篇重。」王先謙漢書補注引陶憲曾之說，以兵書略中之墨子，即諸子略中墨子七十一篇中言兵技巧者十二篇，因重而入於兵書略中，則班固所謂省十家二百七十一篇者，其數目正相符合。然則，總計兵書略中所省之十家二百七十一篇，與諸子略中著錄之同名十書之五百九十二篇，數目相差，委實過於遼遠，則兵書略中所省十書，絕非諸子略中書名相同之十書，可以斷言，以其絕不符合「書有兩用」，「一書兩載」之「互著」原則也。

考七略之書，原係刪自別錄而成，劉向校書，各取專長，故經傳、諸子、詩賦，由向自校，兵書、數術、方校，則由任宏、尹咸、李柱國三人分校，故劉歆七略，即依據校書分工之事，而編爲目錄六略，是諸子略與兵書略，原即出自二人之手，各以書中側重，以爲入類之準，則亦不得謂之爲劉歆七略，有意爲其一書兩載之「互著」矣。

要之，劉歆七略之中，是否已有「互著」之體例，此自為一問題，而章學誠所論「互著」之原理，是否有其實用之價值，此又別為一問題，兩者不相妨礙，則自前者言之，七略書中，有無「互著」一例，尚在疑似之間，自後者言之，章氏「互著」一法，確可稱為神解特識，不唯可以解決圖書難以入類之問題，且可使一圖書目錄之書，加強其辨章學術之功能，允為目錄學中一重要之義例也。

四、論別裁

互著之外，章氏尚有「別裁」之法，以為「互著」之輔，以為編書之助，以為考辨學術之資，校讎通義別裁第四云：

管子，道家之言也，劉歆裁其弟子職篇入小學，七十子所記百三十一篇，禮經所部也，劉歆裁其三朝記篇入論語，蓋古人著書，有採取成說，襲用故事者，（如弟子職必非管子自撰，月令必非呂不韋自撰，皆所謂採取成說也）其所採之書，別有本旨，或歷時已久，不知所出，又或所著之篇，於全書之內，自為一類者，並得裁其篇章，補苴部次，別出門類，以辨著述源流。至其全書，篇次具存，無所更易，隸於本類，亦自兩不相妨，蓋權於賓主輕重之間，知其無庸互見者，而始有裁篇別出之法耳。

又云：

夏小正在戴記之先，而大戴記收之，則時令而入於禮矣，小爾雅在孔叢子之外，而孔叢子合之，則小學而入於子矣，然隋書未嘗不別出小爾雅以附論語，文獻通考未嘗不別出夏小正以入時令，而孔叢子大戴記之書，又未嘗不兼收而並錄也，然此特後人之幸而偶中，或爾雅小正之篇，有別出行世之本，故亦從而別載之爾，非眞有見於學問流別而爲之裁制也，不然，何以本篇之下，不標子注，申明篇第之所自也哉？

章氏以弟子職與三朝記，爲劉歆七略中裁篇別出之例，而謂隋書經籍志與文獻通考中所見之例，爲幸而偶中，然則，七略中若果眞有「別裁」之例，則七略中裁篇別出之書，實不當如章氏所枚舉者，僅有二證而已，再者，古書篇章，往往有單行於世者，如漢書藝文志著錄韓非子五十五篇，而史記韓非傳載秦王讀其說難孤憤之篇，又如漢志雖著錄太史公百三十篇，而後漢書竇融傳，記光武帝賜竇融太史公五宗世家、魏其侯列傳，皆其例也，編書目者，如先收其單行之篇，後更收其完整之書，自後世視之，此則似「別裁」之例矣，然而，此並非編書目者，有意爲之裁篇別出者，則亦不得稱之爲「別裁」也，上述章氏所枚舉之弟子職與三朝記，是否有如說難孤憤之於韓非子，猶未可知，然而必謂此即七略中已有「別裁」之例證，似難以使人信服者也。

雖然，「別裁」之法，亦自有其適用之範圍與價值，世有專科目錄及特種目錄者，若於其中，應用別裁，妥爲處置，誠可以加強目錄之書，辨章學術之功能，如朱彝尊之經義考，黎經誥之許學考，王重民之老子考中，皆曾應用別裁之法，以廣羅資料，以章明學術者，是以「別裁」之應用價値，與七略中是否有「別裁」之義例，確係二事，宜當分別討論之也。

五、辨嫌名

章學誠論著錄之法，以爲編次錯謬，往往由於門類疑似，或一書兩名，故於分類著錄之時，必當詳辨嫌名，校讎通義辨嫌名第五云：

編次錯謬之弊有二，一則門類疑似，一書兩入也，一則一書兩名，誤認二家也。欲免一書兩入之弊，但須先作長編，取著書之人與書之標名，按韻編之，詳注一書源委於其韻下，至分部別類之時，但須按韻稽之，雖百人共事，千卷雷同，可使疑似之書，一無犯複矣。

章氏此種取書名與人名，先作長編，按韻編排，以爲稽檢之用，其與後世索引引得之法，頗相類似，章氏於二百年前，已知應用此法，亦頗具卓識者也，校讎通義校讎條理第七亦云：

校讎之先，宜盡取四庫之藏，中外之籍，擇其中之人名地號，官階書目，凡一切有名可治，有數可稽者，略倣佩文韻府之例，悉編爲韻，乃於本韻之下，注明原書出處及先後篇第，自一見再見以至數千百，皆詳注之，藏之館中，以爲群書之總類。至校書之時，遇有疑似之處，即名而求其編韻，因韻而檢其本書，參互錯綜，即可得其至是。此則淵博之儒，窮畢生年力而不可究殫者，今即中才校勘，可坐收於几席之間，非校讎之良法歟！

章氏此節所論，與上節相同，皆就門類疑似，其一書兩入而立論者也。至於有一書兩名，而誤認二家者，校讎通義辨嫌名第五有云：

至一書兩名，誤認二家之弊，則當深究載籍，詳考史傳，並當歷究著錄之家，求其所以同異兩稱之故，而筆之於書，然後可以有功古人而有光來學耳。

又云：

太史公百三十篇，今名史記，戰國策三十三篇，初名短長語，老子之稱道德經，莊子之稱南華經，屈原賦之稱楚辭，蓋古人稱名樸而後人入於華也，自漢以後，異名同實，文人稱引，相爲弔詭者，蓋不少矣。白虎通德論，刪去「德論」二字，風俗通義，刪去「義」字，世說新語，刪去「新語」二字，淮南鴻烈解，刪去「鴻烈解」，而但曰淮南子，呂氏春秋有十二紀八覽六論，不稱呂氏春秋而但曰呂覽，蓋書名本全而援引從簡略也，此亦足以疑誤後學者已。鄭樵精於校讎，然藝文一略，既有班昭集，而復有曹大家集，則一人而誤爲二人矣，晁公武善於考據，然郡齋一志，張君房脞說，而題爲張唐英，則二人而誤爲一人矣，此則人名字號之不一，亦開岐誤之端也。然則校書著錄，其一書數名者，必當歷注互名於卷帙之下，一人而有多字號者，亦當歷注其字號於姓名之下，庶乎無嫌名歧出之弊矣。

此則一書兩名，一人而多字號，易於混淆者，章氏以爲，皆當加以互注，以清眉目，俾免淆亂也。

至於書有同名而異實者，校讎通義漢志兵書第十六云：

兵形勢家之尉繚子三十一篇，與雜家之尉繚子二十九篇同名，兵陰陽家之孟子一篇，與儒家之孟子十一篇同名，師曠八篇，與小說家之師曠六篇同名，力牧十五篇，與道家之力牧二十二篇同名，兵技巧家之伍子胥十篇，與雜家之伍子胥八篇同名，著錄之家，皆當別白而條著者也，若兵書之公孫鞅二十七篇，與法家之商君二十九篇，名號雖異而實爲一人，亦當著其是否一書也。

書之有同名而異實者，其例甚多，編目著錄之際，皆當細加分辨，以免錯謬者，故章氏於此，亦特爲詳予說明也。

總之，章氏校讎通義一書，上繼鄭樵校讎略，而別有創立，見識卓越，議論深宏，雖其考證補苴，或有未周，然於目錄學之原理方面，仍有極大之貢獻與影響也。

第七章 流 別

第一節 經部沿革

我國古代目錄之書，論其部類分合，則自西漢以迄唐初，爲七分法較居優勢之時代，自唐初以逮清末，乃四分法最爲盛行之時代，自清末以下，西法輸入，則以十進分類，其應用最爲廣泛，其與傳統之分類關係，亦較疏遠。

茲爲討論傳統目錄之流別異同，謹就經史子集之名，擇取目錄史上較具代表之書目，自漢志以迄四庫總目，凡十餘種，先列各書類目，以供比對，然後探究流衍，而考索其分併離合之現象。此節所述，先討論經部流別，以下三節，再分別討論史子集三部之變遷焉。

漢書藝文志——六藝略——分易、書、詩、禮、樂、春秋、論語、孝經、小學九類。

中經新薄——甲部——紀六藝及小學等書。

晉元帝書目——甲部——

七志——經典志——紀六藝、小學、史記、雜傳。

七錄——經典錄——分易、書、詩、禮、樂、春秋、論語、孝經、小學九部。
隋書經籍志——經部——分易、書、詩、禮、樂、春秋、孝經、論語、緯書、小學十類。
舊唐書經籍志——經部——分易、書、詩、禮、樂、春秋、孝經、論語、讖緯、詁訓、小學十二類。
新唐書藝文志——經部——分易、書、詩、禮、樂、春秋、孝經、論語、讖緯、經解、小學十一類。
宋史藝文志——經部——分易、書、詩、禮、樂、春秋、孝經、論語、經解、小學十類。
崇文總目——經部——分爲易、書、詩、禮、樂、春秋、孝經、論語、小學九類。
郡齋讀書志——經部——分爲易、書、詩、禮、樂、春秋、孝經、論語、經解、小學十類。
直齋書錄解題——(經部)——分爲易、書、詩、禮、樂、春秋、孝經、語孟、經解、讖緯、小學十類。
遂初堂書目——經部——分經總、周易、尙書、詩、禮、樂、春秋、論語(孝經孟子附)、小學九類。
文獻通考經籍考——經部——分易、書、詩、禮、春秋、論語、孟子、孝經、經解、樂、儀注、謚法、讖緯、小學十四類。
通志藝文略——經類第一、禮類第二、樂類第三、小學類第四。(另有次一級細目)

國史經籍志——經類——分易、書、詩、春秋、禮、樂、孝經、論語、孟子、經總解、小學十一類。（另有次一級細目）

明史藝文志——經部——分易、書、詩、禮、樂、春秋、孝經、諸經、四書、小學十類。

四庫全書總目——經部——分易、書、詩、禮（下分周禮、儀禮、禮記、三禮通義、通禮、雜禮書六目）、春秋、孝經、五經總義、四書、樂、小學（分訓詁、字書、韻書三目）十類。

自上述各書「經部」之沿革考之，可得下列之消息：

㈠六藝爲我國學術之根源，故班固漢志，首列「六藝略」，至於魏晉，中經新簿，改稱甲部，下及齊梁，王儉七志，以六藝之稱，不足標榜經目，改稱「經典志」，阮孝緒繼之，改稱「經籍錄」，馴至隋志，訂定「經」名，至是「經部」之稱，遂爲定名。後世沿用，相繼毋改，雖其細目，或有增損，而其總稱，不復變更。

㈡漢志六藝一略，條其細目，分爲九類，隋書經籍志增入「讖緯書」，共爲十類，新唐書以下，或增「經解」、「詁訓」，尚稱得體，馬端臨經籍考至增「儀注」、「謚法」，未免嫌於比附，以其與經類名實，絕不相符也。

㈢論語孟子，舊各爲類，漢隋二志，皆以論語入經類，孟子入諸子，直齋書錄解題，於經部則有「語孟」類，始取論孟合列。大學中庸，本小戴記中二篇，唐志以上，雖有單本獨行之篇，亦隨禮記而著於禮類之中，自宋代淳熙年間，合爲四書，元代延祐年間，懸爲功令，明史藝文志遂於經部別立「四書」一類，四庫總目從之，自是單行之論孟學庸等書，亦多爲滲入四書類中矣。

(四)白虎通辟雍章云：「古者八歲入小學，始有識，知入學，學書計。十五成童，志明，入大學，學經術。」漢書食貨志亦云：「古者八歲入小學，學六甲五方書計之事，始知室家長幼之節。十五入大學，學先聖禮樂，而知朝廷君臣之禮。」是知古之所謂小學，本與大學相對，凡童蒙所宜學習之事，如書體幼儀等，皆包含之，而不得以字學專稱小學之名也，然漢書藝文志以倉頡、凡將、急就等篇入於「小學」類中，而以弟子職、小爾雅、爾雅等書入於「孝經」類中，則是以「字書」與「幼儀」爲兩類，而即以字書爲專「小學」之名也。及其後也，隋志以金文石經入「小學」，舊唐志以書法入「小學」，宋志以經典釋文入「小學」，「小學」之內容愈多，而皆不離乎字書矣。宋人以童蒙初習之灑掃應對進退禮儀之書，名爲「小學」，似可復其溯義，及至四庫總目，乃以爾雅以下，編爲訓詁，說文以下，編爲字書，廣韻以下，編爲韻書，而專據「小學」之名，然三類之書，皆非童蒙幼學所能習知者，是「小學」一名，似亦距其原義，益爲遙遠矣。

(五)漢志以「五經雜議十八篇」附入「孝經類」，隋志以「五經異義」、「五經大義」、「五經雜義」等書附於「論語類」，舊唐書經籍志始立「經解」類，新唐志宋志等皆因其例，至遂初堂書目改爲「經總」，國史經籍志改稱「經總解」，明史藝文志改稱「諸經」，名稱又異，至於四庫總目，訂爲「五經總義」，名稱既定，不復更改，唯杜定友氏，以爲當仿輯略之例，冠於各經之首，則亦好古過甚之弊也。

(六)漢志以「論語」次於「春秋」之後，又以「孝經」次於「論語」之後，阮孝緒七錄因之，及至隋志，乃移「孝經」改置「論語」之前，蓋以孔子行在孝經，爲曾子言之，自爲一家之學，而論語雜出門下弟子，不純出於聖人之手也，自隋志以下，各代志書，多從此義，不復再爲改置矣。

(七)讖緯之書，盛於東漢，故班固漢志，尚不著錄，及至隋志，始立「緯書」一類，降至陳氏直齋書錄解題及馬氏經籍考，猶有「讖緯」之類，然隋志小序，即已有言，謂宋代大明中，已禁圖讖，隋代煬帝即位，盡焚讖緯之書，故焦竑國史經籍志以下，並無讖緯之類，亦以其書，焚毀殆盡之故也。

第二節　史部沿革

討論史部類例沿革，當先舉歷代目錄要籍，以作比觀而考察之。

漢書藝文志——六藝略——史書附於春秋類末。

中經新簿——丙部——有史記、舊事、皇覽部、雜事。

晉元帝書目——乙部——有史記、舊事、皇覽部、雜事。

七志——經典志——紀六藝、小學、史記、雜傳。

七錄——紀傳錄——分國史、注曆、舊事、職官、儀典、法制、僞史、雜傳、鬼神、土地、譜狀、簿錄十二部。

隋書經籍志——史部——分正史、古史、雜史、霸史、起居注、舊事、職官、儀注、刑法、雜傳、地理、譜系、簿錄十三類。

舊唐書經籍志——史錄——分正史、編年、僞史、雜史、起居注、故事、職官、雜傳、儀注、刑法、目錄、譜牒、地理十三類。

新唐書藝文志——史錄——分正史、編年、僞史、雜史、起居注、故事、職官、雜傳記、儀注、刑法、目錄、譜牒、地理十三類。

宋史藝文志——史部——分正史、編年、別史、史鈔、故事、職官、傳記、儀注、刑法、目錄、譜牒、地理、霸史十三類。

崇文總目——史部——分正史、編年、實錄、雜史、僞史、職官、儀注、刑法、地理、氏族、歲時、傳記、目錄十三類。

郡齋讀書志——史部——分正史、編年、實錄、雜史、僞史、史評、職官、儀注、刑法、地理、傳記、譜牒、書目十三類。

直齋書錄解題——（史部）——分正史、別史、編年、起居注、詔令、僞史、雜史、典故、職官、儀注、時令、傳記、法令、譜牒、目錄、地理十六類。

遂初堂書目——史部——分正史、編年、雜史、雜傳、故事、僞史、國史、本朝雜史、本朝故事、本朝雜傳、實錄、職官、儀注、刑法、姓氏、史學、目錄、地理十八類。

文獻通考經籍考——史部——分正史、編年、起居注、雜史、傳記、僞朝霸史、史評史鈔、故事、職官、刑法、地理、時令、譜牒、目錄十四類。

通志藝文略——史類第五——分正史、編年、霸史、雜史、起居注、故事、職官、刑法、傳記、地里、譜系、食貨、目錄十三類。（尙有次級細目）

國史經籍志——史類——分正史、編年、霸史、雜史、起居注、故事、職官、時令、食貨、雜注、法令、傳記、地里、譜系、簿錄十五種。

明史藝文志——史部——分正史（附編年）、雜史、史鈔、故事、職官、儀注、刑法、傳記、地理、譜牒十類。

四庫總目——史部——分正史、編年、紀事本末、別史、雜史、詔令奏議、傳紀、史鈔、載記、時令、地理、職官、政事、目錄、史評十五類。

試爲比較上列各書史部，則可得其演變現象如下：

(一)漢書藝文志中，無史書類目，蓋西漢之時，史書甚少，故乃附於六藝略中春秋類末，是以國語國策太史公書等，漢志皆次於左氏公羊穀梁之後，亦權宜之計耳，及至中經新簿，以甲乙丙丁爲四部之名，而以史記等書，入於丙部，至於李充撰晉元帝書目，換其乙丙之書，史書乃入於乙部之中，至於王儉七志，又以史書入於「經典志」中，雖云師法劉班，而是時史書已多，必使經史重相滲合，不免昧於源流，且王氏書目，有軍書、陰陽、術藝、圖譜等志，獨無史書之志，是買櫝而還其珠也，及至七錄，專設「紀傳錄」，以記史事，隋志承之，「史部」之名，由是正式成立，自斯以下，歷代書錄，皆沿用而不能改矣。

(二)阮孝緒撰七錄，不僅有紀傳之錄，且其類目，尤爲詳審，故自「國史」以迄「簿錄」，凡十二類，而後世史部分合，多加遵循，即有異同，亦不過增幾類、減幾類而已，是以後世史部門目，多可以上溯七錄之分類也。

(三)阮孝緒七錄紀傳錄中，以「國史」一類居首，隋志改爲「正史」，仍列首類，自是以後，公私志書，皆沿用「正史」之名，不復改矣。

(四)隋志有「古史」一類，所收書籍，自荀悅「漢紀」及袁彥伯「後漢紀」以下，皆仿於春秋左傳之體，編年爲書者也，自舊唐書經籍志改稱「編年」，以下各書，率皆沿承，以迄四庫總目，遂皆以「編年」名之矣。

(五)「紀事本末」之名，始於宋代袁樞，樞據通鑑之文，每事首尾，自爲一篇，四庫總目，遂特立爲一類，凡一書具備諸事之本末，與一書具備一事之本末者，皆總彙於此門之內。

㈥隋志有「雜史」之類，收戰國策楚漢春秋一類之書，以別於正史之類也，嗣後書目，多加遵循，唯陳振孫直齋書錄解題，更立一「別史」之類，而以上不至於正史，下不至於雜史者入於其內，四庫總目，獨稱善之，亦繼立「別史」一門，然「別史」之稱，與「正史」之分別雖易，與「雜史」之分別實難，不如逕與「雜史」相併，合集一處之爲善也。

㈦阮孝緒七錄有「僞史」一門，隋志有「霸史」一類，蓋皆爲五胡南遷，入據中原，假名竊號者而稱設也，及其後也，新舊唐志、崇文總目、郡齋讀書志、直齋書錄解題、遂初堂書目等，皆稱「僞史」，宋史藝文志、通志藝文略、國史經籍志，皆稱「霸史」，而馬端臨經籍考獨稱「僞朝霸史」，兼用兩名，及至四庫總目，而改名「載記」，以爲曰霸曰僞，皆非其實，此其立名，複雜變遷，有如此者也，然而曰僞曰霸，其於正史，雖不免有尊卑褒貶之分，猶愈於「載記」之名實多淆，且諸史所記，孰非載記者，撰修書目，而欲避其僞霸之稱，此亦四庫館臣，逢迎主上心意之一例耳。

㈧隋志有「起居注」一類，蓋以記人君之言行動止也，後世書目，多遵循之，唯崇文總目、郡齋讀書志改稱「實錄」，實錄亦編年之法也，唯不知七錄中「注曆」一門，是否即爲起居注之前驅也。

㈨七錄隋志有「舊事」一門，以記朝政故實之書，新舊唐書以下，多改稱「故事」，迄於四庫總目，改稱「政書」，則名實尤相符也。

(十)阮孝緒七錄有「儀典」一類，以紀禮儀規範之書，至於隋志，改稱「儀注」，其後書目，多遵循之，唯直齋書錄解題，別名「禮注」，稍有不同而已。

(十一)阮孝緒七錄有「法制」一門，然自隋志以下，則多稱「刑法」，僅直齋書錄解題與國史經籍志，改稱「法令」，其名稍異。

(十二)七錄隋志有「雜傳」一類，以收廣記先聖人物之書，新舊唐志因之，自宋志以下，改稱「傳記」，範圍尤爲廣袤，唯與「雜史」名實，稍易混淆也。

(十三)昔王儉撰七志，中有圖譜一志，專收地域及輿圖之書，及阮孝緒撰七錄，紀傳錄中亦有「土地」一門，隋志以下，並以「地理」爲名，歷代承傳，未之或改矣。

(十四)氏姓之書，由來甚遠，帝繫世本，傳之漢初，自阮孝緒七錄，有「譜狀」一門，專收氏姓典冊，隋志改爲「譜系」，新舊唐志以下，多稱「譜牒」，而義皆不殊，唯四庫總目，並無譜系一類，蓋以爲「自唐以後，譜學殆絕，玉牒家乘，徒存虛目，故不列其名」也。

(十五)隋書經籍志云：「古者史官既司典籍，蓋有目錄，以爲綱紀。」此蓋揣測之詞，不可憑信，然自七略漢志以降，至於七錄，始專收歷朝書目，而有「簿錄」之類，隋志繼之，仍名簿錄，新舊唐志以下，多名「目錄」，至於四庫總目，遂爲定名，其間雖有偶稱「書目」者，則亦殊不多睹也。

㈥「史評」之書，或評史學，或評史事，或評史籍，自宋代遂初堂書目，始有「史學」一門，馬端臨經籍考，亦有「史評史鈔」一類，至於四庫總目，乃訂爲「史評」之類也。

第三節　子部沿革

討論子部類例沿革，先舉歷代目錄之書，以作比較參照之資料。

漢書藝文志——諸子略（兵書略）——分儒、道、陰陽、法、名、墨、縱橫、雜、農、小說十家。

中經新簿——乙部——有古諸子家、近世子家、兵書、兵家、數術。

晉元帝書目——丙部——。

七志——諸子志（軍書志）——記古今諸子。

七錄——子兵錄——分儒、道、陰陽、法、名、墨、縱橫、雜、農、小說、兵十一家。

隋書經籍志——子部——分儒、道、法、名、墨、縱橫、雜、農、小說、兵、天文、曆數、五行、醫方十四家。

舊唐書經籍志——子部——分儒、道、法、名、墨、縱橫、雜、農、小說、天文、曆算、兵書、五行、雜藝術、事類、經脈、醫術十七家。

新唐書藝文志——子部——分儒、道、法、名、墨、縱橫、雜、農、小說、天文、曆算、兵書、五行、雜藝、類書、明堂經脈、醫術十七家。

宋史藝文志——子部——分儒、道、法、名、墨、縱橫、農、雜、小說、天文、五行、著龜、曆算、兵書、雜藝術、類事、醫書十七家。

崇文總目——子部——分儒、道、法、名、墨、縱橫、雜、農、小說、兵、類書、算術、藝術、醫書、卜筮、天文、曆數、五行、道書、釋書二十家。

郡齋讀書志——子部——分儒、道、法、名、墨、縱橫、雜、農、小說、天文、曆算、五行、兵家、類書、藝術、醫書、神仙、釋書十八家。

直齋書錄解題——（子部）——分儒、道、法、名、墨、縱橫、農、雜、小說、神仙、釋、兵書、曆象、陰陽、卜筮、形法、醫書、音樂、雜藝、類書二十家。

遂初堂書目——子部——分儒、雜、道、釋、農、兵、數術、小說、雜藝、譜錄、類書、醫書十二家。

文獻通考經籍考——子部——分儒、道、法、名、墨、縱橫、雜、小說、農、天文、曆算、五行、占筮、形法、兵書、醫、房中、神仙、釋氏、類書、雜藝術二十一家。

通志藝文略——諸子第六（天文第七、五行第八、藝術第九、醫方第十、類書第十一）——分儒、道、釋、法、名、墨、縱橫、雜、農、小說、兵十一家。

國史經籍志——子類——分儒、道、釋、墨、名、法、縱橫、雜、農、小說、兵、天文、五行、醫、藝術、類書十六家。

明史藝文志——子部——分儒、雜（名法附）、農、小說、兵、天文、曆數、五行、藝術（附醫書）、類書、道、釋十二家。

四庫總目——子部——分儒、兵、法、農、醫、天文、算法、術數、藝術、譜錄、雜、類書、小說、釋、道十四家。

上述各書子部類目，比較之後，可得下列現象：

㈠漢書藝文志以九流十家之書入於「諸子略」中，至於魏晉，中經新簿，入於「乙部」，又以漢志中「兵書」「數術」二略之書，入於此部，至李充撰晉元帝書目，改子書入「丙部」，至於七志，仍依漢志，入於「諸子志」中，阮氏七錄，乃收諸子與兵書，共爲一錄，稱曰「子兵錄」，蓋以後世兵書既少，不足成類故也，至於隋志，以兵書、天文、曆數、五行、醫方等書，並入子部，則是合漢志中「諸子」、「兵書」、「數術」、「方技」四略之書，而併入一部之中矣，自是以後，遂成常規，歷代因之，莫能變改，故子部之書，其內容亦最爲龐雜矣，江瑔讀子卮言，嘗謂「分類之難，不難於經史集，而難於子」，蓋以子類「無畛域可言，判別維艱」也，及至崇文總目以下，又以釋氏道家之書，並入子部之中，試以之與漢志諸子略內九流十家相比，其精神面目，亦迥不相同者矣。

(二)漢志諸子略中，有「陰陽」一類之書，阮孝緒七錄中，仍有「陰陽」一門，至於隋志，已無「陰陽」一類，蓋以其書既少，不足自成一類，縱有典籍，亦已改併入於「天文」類中矣，故隋志以下，歷代書目，遂多無「陰陽」之類目也。

(三)中經新簿以丙部紀史籍，晉元帝書目改以乙部紀史籍，而皆有「皇覽簿」一類之書，隋志子部雜家有「皇覽」一百二十卷，自舊唐書經籍志子部有「事類」一門，新唐書藝文志改稱「類書」，而歷代書目，多沿承其名，至於四庫書目，仍因之而不改，然「類書」之作，兼收四部，非經非史，非子非集，或則亦經亦史，亦子亦集，及至胡應麟作筆叢，始議其改入集部，然迄無行之者，張之洞撰書目答問，以「叢書」自為一類，附列四部之外，然則「類書」一類，亦可比照「叢書」之例，自為一類，列於叢書之後，差可近是也，昔鄭樵撰藝文略，列「諸子第六」，更列「類書第十一」，是即以「類書」自為一類也，惜世人多忽略之耳。

(四)要之，子部之弊，其病在雜，然部次圖書，自七略漢志而至於四部，部類不得不力求簡省，然而經史集三部圖書，性質較為確定，故部次目錄者，不得不舉性質難定之書，一為併入子部之內，故子部內容，亦逐漸龐雜，至於為龍蛇之菹矣。

第四節　集部沿革

討論集部類例沿革，先爲列舉歷代重要目錄之書，以作比較參考之資料。

漢書藝文志——詩賦略——分屈原賦、陸賈賦、孫卿賦、雜賦、歌詩五類。

中經新簿——丁部——有詩賦、圖贊、汲冢書等。

晉元帝書目——丁部——。

七志——文翰志——紀詩賦。

七錄——文集錄——分楚辭、別集、總集、雜文四類。

隋書經籍志——集部——分楚辭、別集、總集三類。

舊唐書經籍志——丁部集錄——分楚辭、別集、總集三類。

新唐書藝文志——丁部集錄——分楚辭、別集、總集三類。

宋史藝文志——集部——分楚辭、別集、總集、文史四類。

崇文總目——集部——分總集、別集、文史三類。

郡齋讀書志——集部——分楚辭、別集、總集、文說四類。

直齋書錄解題——（集部）——分楚辭、總集、別集、詩集、歌辭、章奏、文史七類。

遂初堂書目——集部——分別集、章奏、總集、文史、樂曲五類。

文獻通考經籍考——集部——分詩賦、別集、詩集、歌辭、章奏、總集、文史七類。

通志藝文略——文類第十二——分楚辭、歷代別集、總集、賦、贊頌、箴銘、碑碣、制誥、表章、啓事、四六、軍書、案判、刀筆、俳諧、奏議、論、策、書、文史、詩評二十二類。

國史經籍志——集類——分制誥、表奏、賦頌、別集、總集、詩文評六類。

明史藝文志——集部——分別集、總集、文史三類。

四庫總目——集部——分楚辭、別集、總集、詩文評、詞曲五類。

上述各書志，經比較其集部類目之後，可得下列消息：

㈠詩文辭賦之作，漢志入於「詩賦略」中，中經新簿及晉元帝書目，並入於「丁部」之中，王儉七志，有「文翰志」，以紀詩賦，阮孝緒七錄，則以「文集錄」分爲四種，以紀詩文辭賦，唯不知七錄所有之「雜文」，究何所指也，自隋志訂爲「集部」之名，四部書目，皆沿用不替，唯鄭樵藝文略，改稱「文類」，稍有不同也。

㈡集部類目，「楚辭」最古，「別集」次之，「總集」又復次之，此三類者，皆始自「七錄」所訂，然後歷代書目，乃多加沿用也，唯崇文總目，其集部僅列別集、總集、文史三類，獨缺「楚辭」之名目，後世若遂初堂書目、明史藝文志等，亦無「楚辭」一目，豈以屈宋諸作，轉可入於「別集」之中乎？

㈢崇文總目集部，始有「文史」一類，郡齋讀書志改稱「文說」，而國史經籍志與四庫總目，則改稱「詩文評」，蓋以詩文評論之書，必推鍾嶸詩品與劉勰文心雕龍，爲其肇端，故取「詩」「文」之評，以名其類也。

㈣直齋書錄解題、遂初堂書目、馬氏經籍考，並有「章奏」一類，鄭氏藝文略，更有「表章」、「啓事」、「制誥」等門目，然「章奏」「表章」者，乃人臣言事之作，「制誥」者，即君王誥令制敕也，要之，皆「七錄」中「別集類」之流亞也。

㈤詞曲盛於宋元，然迄至明史藝文志，猶無其目，降及清代四庫總目，始有「詞曲」一類，亦可怪也。

㈥「楚辭」一類，自屈原而外，落落孤立，終古無徒，究觀其書，則後世作者，體仿屈氏，各爲撰著篇章，既非成書之專門，又非選萃之總類，置之別集總集，皆有不合，故張森楷氏撰賁園書庫目錄輯略，以爲當於「楚辭」之後，「別集」之前，更增「合集」一類，以部次體仿屈氏之作，以明辨文章流別，其說深可參照。

上述四部類例沿革，經已比較參稽，試加撰記，然而，上述類例比較，其所依據者，僅爲我國目錄學史上較屬重要之書目，所擇書目，既失周全，所得結論，自難確切不移，蓋亦略明趨向而已，至於網羅古今書目，類列排比，細加勘校，則將俟諸異日，以期其成功也。

第八章　十進

第一節　十進原理

十九世紀以來，歐美各國所採用之圖書分類方法，爲數雖多，然其通行較廣者，則有三種，其一，乃僅以羅馬字母爲類目之分類法，如美國克特（cutter）所發明之「展開分類法」是也，其二，乃兼以字母與數字爲類目之分類法，如英國勃朗所創造之「學科分類法」是也，其三，乃純以數字爲類目之分類法，如美國杜威（M.Dewey）所設計之「十進分類法」是也，然自清末西學東漸以還，其影響於我國圖書分類方式最爲鉅大者，厥爲杜威之十進分類法。

杜威生於一八五一年，卒於一九三二年，杜氏於一八七四年畢業於安赫斯特（Amhost）學院，於一八七六年刊行其十進分類法，嗣後，並創辦圖書雜誌，發起組織美國圖書館協會，兩度擔任會長。其十進分類法，乃將一切學術，分爲九類，每類以阿拉伯數字由一至九，爲其大類，至於九類之外，若辭典、雜誌、百科全書等，總歸一類，以零記之，共成十類，十類之下，再分項目，皆以數字記之，三級以下，以小數點標記，小數點以下之分類，亦均以數字記之，循此途徑，其分類由疏而密，可以至於無窮，其類目錄出如下：

000 General Work 總類

010 Bibliography 目錄學

020 Library Economy圖書館學

030 General Cyclopedias 普通百科全書

040 General Collections 普通叢書

050 General Periodicals 普通雜誌

060 General Societies 普通社會

070 Joarnalism, Newspapers 新聞學，報章

080 Special Libraries, Polygraphy 特殊文庫

090 Book Rarities善本書

100 Philosophy 哲學

110 Metaphysics 形而上學

120 Other Metaphysical Topics 其他形上學問題

130 Physiologic:abnormal and differential psychology
生理、變態及差別心理學

140 Philosophic System 哲學派別

150 Psychology 心理學

160 Logic, Dialectics 論理學辯證法

170 Ethics 倫理學

180 ancient and Oriental Philosophers 古代及東方哲學家

190 Modern Philosophers 近代哲學家

200 Religion 宗教

210 Natural Theology 自然神學

220 Bible 聖經

230 Doctrinal, Dogmatics, Theology 教理神學

240 Devotional Practical 信仰實踐

250 Homiletic, Pastoral, Parochial 傳道法

260 Church: Institutions and Works 教會：其制度與工作

270 General History of Christian Church 基督教史

280 Christian Churches and Sects 教會及教派

290 Non-christian, Sociology 非基督教宗教

300 Social Sciences, Sociology 社會科學、社會學

310 Statistics 統計學

320 Political Science 政治學

330 Economics 經濟學

340 Law 法律

350 Administration 行政學

360 Welfare and Social Institution 社團與福利事業

370 Education 教育

380 Commerce, Communication 商業交通

390 Custams, Costumes, Folklore 禮俗

400 Philology 語言學

410 Comparative 比較語言學

420 English, Anglo-saxon英語

430 German and Other Teutonic 德語及其他條頓語

440 French, Provencal, etc. 法語

450 Italian, rumanian, etc. 意語、羅馬尼亞語

460 Spanish, Portuguese, etc. 西班牙語、葡萄牙語

470 Latin and Other Italic 拉丁語及其他意大利語

480 Greek and Other Hellenic 希臘語及其他古希臘語

490 Other Languages 其他各種語言

500 Pure Science 自然科學

510 Mathematics 數學

520 Astronomy 天文學

530 Physics 物理學

540 Chemistry 化學

550 Geology 地質學

560 Paleontology 古生物學

570 Biology, Anthropology 生物學、人類學

580 Botany 植物學

590 Zoology 動物學

600 Useful Arts 應用科學

610 Medicine 醫學

620 Engineering 工程學

630　Agriculture　農業
640　Home Economics　家政學
650　Communication, Business　交通商業
660　Chemic Technology　化學工業
670　Manufactures　製造業
680　Machanic Trades　機械營業
690　Building　營造業

700　Fine Arts, Recreation 美術、遊藝

710　Landscape and Civic Art　風景、城市藝術
720　Architecture　建築
730　Sculpture　雕刻
740　Drawing, Decoration, Design　圖案設計、裝飾
750　Painting　繪畫
760　Engraving　雕板
770　Photography　攝影
780　Music　音樂

790　Amusements　娛樂

800　Literature　文學

810　American　美國文學

820　British Anglo-Saxon　英國文學

830　German and Other Teutonic　德國文學

840　French, Provencal, etc.　法國文學

850　Italian, Rumanian, etc.　意國文學、羅馬尼亞文學

860　Spanish, Portuguese, etc.　西班牙文學、葡萄牙文學

870　Latin and Other Italic　拉丁文學及其他意大利文學

880　Greek and Other Hellenic　希臘文學及古希臘文學

890　Other Literature　其他各種文學

900　History　歷史

910　Geography and Travel　地理與遊記

920　Biography　傳記

930　Ancient History　古代史

940　Europe　歐洲史

950　Asia　亞洲史

960　Africa　非洲史

970　North America　北美洲史

980　South America　南美洲史

990　Oceania and Polar Regions　大洋洲史及兩極地帶史

杜威此法，不僅易於記憶，即其類目次序，亦有相當意義，蓋以先有宇宙，而後始有萬物，故以「一」代表哲學，以示萬物之始。先有哲學思想，然後始有宗教，故以「二」代表宗教，蓋宗教爲哲學之一種定論也。原始時代，先有宗教之信仰，然後社會始能團結，故以「三」代表社會科學。社會成立，人與人之間發生關係，而言語漸趨統一，故以「四」代表語文學。有語文，然後能研究自然科學，故以「五」代表自然科學。先有科學之理論，然後始能產生科學之應用，故以「六」代表應用科學。人生有科學以爲基礎，生活始有秩序，而後始有餘力，從事於藝術與文學，故以「七」與「八」代表藝術與文學。歷史爲人類一切成果之總記錄，故以「九」代表歷史。至於普通書籍，未能入於九類之中者，即以「〇」爲代表，列爲總類，位於九類之首。又如「一」爲哲學，三七〇・一即教育哲學，「九」爲歷史，三七〇・九即教育史，此亦顯示杜氏所列，每一號碼，皆有其適當之意義也。

要之，杜威之十進分類方法，不僅數字記號，多有意義，且其號碼簡明易辨，極富伸縮彈性，運用靈活，任何書籍，皆可有其適當之位置，是以一經面世，即能不脛而走，廣受歡迎，多加應用也。

第二節　增補應用法

杜威之十進分類法，東傳我國，最先由孫毓修氏，撰寫「圖書館」一文，發表於清宣統元年（一九〇九年）之東方雜誌，而介紹於國內學界，然而，杜威之書，雖有其甚多之優點，唯其法本爲部次歐美之圖書而設，若取杜威之法，一成不變，應用於中國圖書，則不免有所扞格，蓋中國圖書，於杜威分類法中，不僅不受重視，即其所居位置，亦必在第三級分類以下，故杜威之法，傳入我國之後，國人爲求利用其優點，而又能適合於中國圖書，乃各有其改革因應之方式，其方式之一，即增補杜威之十進分類法，此種方式，可以查修氏所撰之「杜威書目十分類法補編」爲代表，其書於民國十四年，由清華大學出版，其法最顯著者，乃以中國「經籍」置於杜法最前之空位（〇〇〇—〇〇九），例如：

000　經部

000　經總

000.1　石經

001　易
001.1　易緯
002　書
002.1　書緯
003　詩
003.1　詩緯
004　禮
004.1　周禮
004.2　儀禮
004.3　禮記
004.4　禮緯
005　春秋
005.1　春秋緯
006　孝經
006.1　孝經緯
007　四書

007.1　大學
007.2　中庸
007.3　論語
007.31　論語緯
007.4　孟子

子部則入杜法 181 東方哲學內，類別如下：

181.1　中國哲學
181.11　儒家
181.12　墨家
181.13　縱橫家

集部則入於杜法 895 東亞各國文學內：

895.1　中國文學
895.11　詩文評
895.112　詞
895.12　詞曲

895.13　小說

895.16　書札

895.18　總集

895.19　別集

史部則入於杜法 950 亞洲史內：

951　中國史

951.001　考證

951.002　編年

951.003　紀事本末

951.004　史鈔

951.005　別史

951.008　雜史

951.009　史屑

至於其增補入類之原理，則查氏於清華學校圖書館中文書籍目錄凡例中，嘗有說明：

其一，「我國經部內容，至爲廣泛」，「經部之爲類，自荀勗始爲新簿，創爲四部，迄今已一千六百餘年，聲勢所及，舉莫能抗」，「故在吾類別系統中，亦須能佔首要位置，杜法首端〇

○○—○○九未載何類，吾於是以經部入之，既合系統，又列首部，幸孰甚焉。」

其二，「我國諸子，頗多哲學著作，茲擇其純哲學者，如儒家、墨家、縱橫家等，齊入此類，其爲純哲學，而已爲後世假作他用者，如道家之類，則爲整飭計，全入宗教類」。

其三，「我國文學著作，浩如煙海，在世界文學中，亦佔有相當位置，舊法分類，文學之集部，爲四部之一，本編限於杜法之範圍，雖剔析剖分，不厭求詳，然部類措置，則已困苦滋甚，茲之不用集部，而用中國文學者，則以集部二字，意義甚廣，用之此處，他國文學，似亦羅致在內矣」。

其四，「中國史之分，首考證者，以考證非史本體，其範圍所括，論討爲多，準杜法例，置之首端，亦以明其爲史之嚮導，藉其助，研究史學，庶不致誤入歧途也」。

就其上述說明，則知中國書籍，其在杜威十進法中，亦可獲致大致相當之類別與位置，此所以即就杜法而作增補應用之法也，然就杜法全書觀之，中國圖書所佔之處境，則仍處於極輕之位置，是亦無可否認者也。

第三節　中外統一法

王雲五氏之中外圖書統一分類法，於民國十七年，由商務印書館出版，此法乃就杜威原法，略加補充，以求適合於中外圖書之應用，而最可貴者，則在對於杜威原法，不作任何更動，王氏之書，據杜威原書，僅於杜書號碼之前，略加三種符號，即可使中外性質相同之書籍，同置一處，而可以有取便檢閱，左右逢源之樂矣，王氏所創三種符號及其應用如下：

㈠「十」號讀作十字，僅能排列於絕對相同號碼之前，俾使新號碼與原有號碼並行，如杜法323.1民族運動，則加「十」號位於323.1之前，形成＋323.1即代表中國之民族主義，而323.1則仍為民族運動。

㈡「卄」號讀作廿字，可排列於十位相同之任何號碼之前，亦即可以位於連接之多數號碼之前，並可自整數起，繼續至整數九為止，如杜法110為形上學，則加列「卄」號，即成卄110中國哲學，以下更可細分為卄111易經，卄112儒家，卄113道家，卄114墨家，卄115名家，卄116雜家，卄117近古哲學家，卄118近代哲學家，蟬聯不斷。

㈢「士」讀作士字，可列於任何整數號碼以前，亦即不論有無小數或小數大小，唯列於整數相同之號碼以前，如杜法327為外交，則加以「士」字，即成士327中國外交，以下復可加以小數，細分為士327.1中美外交，士327.2中日外交，士327.3中英外交，士327.4中德中奧外交，士327.5中法外交，士327.6中葡外交，士327.7中俄外交，士327.8中國與歐美其他各國外交，士327.9中國與亞洲其他各國外交。

綜上所論，可知王氏之法，既可維持杜威之原有號碼，毫不裁減，更可添出新刱類號，以部次中國圖書，而中外分類統一之困難，從而可以消除，實不失爲一種兼理中外圖書之分類方法也。

第四節　改革創造法

劉國鈞氏之中國圖書分類法，於民國十八年，由金陵大學出版，其大綱大目，全本杜威之法，而部次之圖書，則全屬我國之中文著作，蓋其應用杜法之精神，而類屬中國之圖書也，劉氏於其書前之導言中曰：「編者深感四庫分類法不適用於現在一切之史籍，且其原則亦多互相刺謬之處，不合於圖書館之用，而採用新舊併行制，往往因新舊標準之難定，以致牽強附會，進退失據。」又曰：「故決定採新舊書一統之原則，試造新表。」其分類簡表如下：

000　總部

000　特藏
010　目錄學
020　圖書館學
030　國學
040　普通類書
050　普通雜誌
060　普通社會出版物
070　普通論叢
080　普通叢書
090　群經

100　哲學部

110　思想史
120　中國哲學

130　東方其餘各國哲學
140　西洋哲學
150　論理學
160　玄學
170　心理學
180　美學
190　倫理學

200　宗教部

210　比較宗教學
220　佛教
230　道教
240　基督教
250　回教
260
270　其他各教
280　神話
290　術數

300　自然科學部

310　數學
320　天文學
330　物理學
340　化學
350　地學
360　生物學
370　植物學
380　動物學
390　人類學

400　應用科學部

410　醫學
420　家事
430　農業
440　工程

450

460 化學工藝

470 製造

480

490 商業

500 社會科學部

510 統計

520 教育

530 禮俗

540 社會

550 經濟

560 財政

570 政治

580 法律

590 軍事

600 史地部（中國）

610 通史

620 斷代史

630 文化史

640 外交史

650 史料

660 地理

670 方志

680 類志

690 游記

700 史地部（世界）

710 世界史地

720 海洋

730 東洋及亞洲

740 西洋及歐洲

750 美洲

760 非洲

770　澳洲及其他各地
780　傳記
790　古物學

800　語文部

800　語言學
810　文學
820　中國文學
830　總集
840　別集
850　特種文集
860　東方文學
870　西洋文學
880　西方諸小國文學
890　新聞

900　美術部

910　音樂
920　建築
930　雕刻
940　書畫
950
960
970
980
990　游藝

至其分類部次之原理，則劉氏書中凡例以為：

㈠目錄圖書之學，總涵一切，爰竊輯略之意，冠之於首，而類書叢書，乃至雜誌雜文之流，析其子目，各屬專科，論其全書，便無專類，因其體兼衆制，故附於總部。

㈡哲學為學術之本源，漢志諸子略是也，故次於總部之後。

㈢宗教藉超然之力，以解釋現象，爲先民最初之信仰，以性質言，不同於哲學，爰取隋志道佛自爲一部之意，次宗教於哲學之後。

㈣科學者，以自然現象解釋自然者也，由術數嬗變而來，然術數實含有超自然之意味，故入於宗教之末，而以自然科學爲一部。

㈤科學之中，自無生以至於有生，有生之物，至人而極，人智初啓，但務養生，醫藥農工，相繼而起，皆養生之道也，亦皆科學原理啓之也，故立應用科學於自然科學之後，蓋漢志方技之類也。

㈥人群相處，而有社會，制度於以產生，凡教育、禮儀、社會、經濟、政治、法律、軍事皆是也，總名之曰社會科學，次於應用科學之後。

㈦有人事，然後有紀載，故次之以史，地理方志，亦史之流，今以之各次於其本國歷史之後，庶關於一國之紀載，得集於一處。

㈧紀載必有文字，而文字原於語言，故次之以語文部，其研究語言文字自身者，謂之語言文字學，四庫謂之小學也，其使用文字，以表現情感者，謂之文學，漢志之詩賦略，後世之集部是也。

㈨文學之一要素曰美，而美非僅以文現也，音樂、書畫、建築、雕刻，皆美術也，故總爲一部，而殿之以游藝，命爲美術，人生之極境也。

由上所論，可知劉氏之書，實以新舊圖書統一分類，分造新表，爲其職志，故於四庫舊有典籍，亦皆各有適當之地位，此於泛覽劉書簡表，已可知其梗概，如再觀其細目，必當更加清晰，故劉氏之書，既能採取杜威十進法之優點，復能使固有舊籍，皆得部次安妥，中文新書，各安其類，故能廣受重視，多加採用也，即在當前應用最廣，賴永祥氏所撰之增訂中國圖書分類法，亦係根據劉書大綱，而益加精密者也。

以上所述三書，皆係因應杜威十進之法，而有所增益改進，以求適合中國圖書之分類法者也，查修之書，就應用言，未免有削足適履之譏，王雲五氏統一分類之法，一般小型圖書館中，或有採用，劉國鈞氏之分類法，則當前採用者，爲數最多，至於一般較爲大型之圖書館，其所收藏之線裝珍本舊籍，往往仍以四部分類入藏者爲多，故於一館之中，亦時有四部十進，新舊並行之例也。

以上，於杜威十進分類之法，東傳我國，所產生之影響，略加敘述，俾可知我國近百年來圖書分類之新面貌也。

第九章 專 科

第一節 經學目錄

學術愈益進步，分科亦愈益精密，馴至一般綜合性之目錄，已不敷應用，由是專科目錄，遂逐漸產生，所謂「專科目錄」，乃以某種專門學科，爲其特定範圍，從而將有關之論著資料，儘量網羅，銖錙無遺，所編纂成功之目錄，此種目錄，方能對於專門學術之研究，提供完備之服務。

我國最早之專科目錄，或當溯源於漢代初年，張良韓信，敘次兵法，删一百八十二家之書，定著爲三十五家，斯即爲兵學所編纂之專科目錄也，降及清代，朱彝尊撰「經義考」，謝啓昆撰「小學考」，是爲近世以來，撰著專科目錄之先驅。

專科目錄，以時代愈切近者，蒐羅愈爲完備，應用亦愈較便利，以其所著錄之資料論著，易於檢索尋覓也，以下，即擇取常見易覓，而又便於應用之專科目錄，枚舉如下，以供參稽。

一、經義考

清朱彝尊撰，此書凡三百卷，初名「經義存亡考」，後易今名，此書爲歷代經學書籍之總目及提要，所收各書，依類排列，每類之中，復依時代為先後，每書著錄，先列撰者、書名、卷數，次列「存」、「闕」、「佚」、「未見」等項，再列原書序跋，及諸儒評論，朱氏本身之考訂意見，則別為案語於末，如「王弼周易注」一書，所舉諸家評論之說，自何劭、孫盛、王儉、李延壽、孔穎達、陸德明、石介、李石、宋祁、司馬光以下，迄於郝敬、黃宗羲、黃宗炎、陳廷敬，凡三十九人，可謂詳審極矣，此書之出，則兩千年經學流衍，經書承傳，元元本本，一一在目，其有功於儒學，自不待言，此書以「四部備要」本，最為通行。經義考書前別無目錄，羅振玉嘗編有「經義考目錄」八卷，頗便檢索朱書，朱氏之書，刊行之後，翁方綱著有「經義考補正」十二卷，補正朱書訛謬，凡一千零八十八條，可與經義考參看。

二、通志堂經解目錄

清翁方綱撰，清乾隆五十六年刻成，先是，納蘭容若輯刻「通志堂經解」，收錄宋元諸儒解經之作凡一百六十種，翁氏遂據以撰成此書，翁氏之書，以粵雅堂叢書本，最為通行。

三、詩經學書目

裴溥言撰，民國六十五年十二月，刊載於書目季刊十卷三期，此目依時代先後，將歷代詩經研究之書籍，分為八類，其一漢代，其二魏晉南北朝，其三隋唐，其四宋代，其五元代，其六明代，其七清代，其八民國。八類之外，並分列三家詩與博物學，為九十兩類，所錄書籍，頗為切要，足供治詩經學者，參考比較之資。

四、大戴禮記書錄

阮廷卓撰，民國六十三年三月，刊載於國立編譯館館刊三卷一期，此錄收輯大戴禮記有關之著述凡六十六種，分爲四類，一曰傳說之屬，二曰分篇之屬，三曰逸記之屬，四曰雜著之屬。所錄各書，多有解題，其考證詳明，頗足參稽。

五、公藏先秦經子注疏書目

張壽平編，民國七十一年一月，國立編譯館出版，此書輯錄兩漢以上之經子注疏書籍，分爲四類，其一爲「彙輯先秦經部注疏書目」，其二爲「彙輯先秦子部注疏書目」，其三爲「叢書中所見先秦經部注疏書目」，其四爲「叢書中所見先秦子部注疏書目」，書末附有書名索引，頗便檢閱，此書以經子爲名，此姑入於經學目錄之中，實亦可以互見於子學書目之中也。

第二節　語言文字學目錄

語言文字之學，昔在四庫總目，屬於小學之類，兼攝文字、聲韻、訓詁之書，今則改易名義，以便指稱。

一、小學考

清謝啓昆撰，光緒十四年浙江書局刊本，凡五十卷，此書之作，蓋以朱彝尊經義考中，不收小學書籍，故謝氏乃別撰此書，網羅歷代小學之書，分爲「敕撰」、「訓詁」、「文字」、「聲韻」、「音義」五類，此書亦仿朱氏經義考之例，每書之下，收錄該書之序跋及前人評論文字，兼下己意，並注明「存」、「佚」、「未見」三項，此書蒐尋甚備，論斷精審，爲研究語言文字等學之重要參考書籍，民國二十三年，羅振玉刊行「小學考目錄」一卷，可爲檢索謝氏此書之用。

二、許學考

清黎經誥撰，此書繼謝氏小學考之後，而專考許愼「說文解字」一家之學，故命爲許學考，此書先迻錄「小學考」中說文之書，然後廣徵博取，用心蒐羅，每錄一書，輒撮錄其序跋，明注版刻，以當解題，間下己意，以爲論斷，於小學諸目錄中，體例最稱完善。

三、唐以前小學書之分類與考證

林明波撰，民國六十四年十月，由中國學術著作獎助委員會出版，此書之作，旨在探討小學源流、其所收錄書籍，分爲五類，其一爲「訓詁類」，其二爲「文字類」，其三爲「訓詁兼文字類」，其四爲「音韻類」，其五爲「體勢類」。上述五類，共收書籍至二百三十八種，每書之下，皆收錄有關之序跋考證，其有義涉疑似，然後更下己意，加以論斷，手此一編，唐以前小學類之書籍，大抵皆在於是矣，書前有高明及楊家駱二先生序，並作者自序。

四、清代許學考

林明波撰，民國五十年六月，刊載於臺灣省立師範大學國文研究所集刊第五號，後又列爲嘉新水泥公司文化基金會研究論文第二十八種，重新出版，此書收錄清代學者有關說文解字之著述，分爲六類，一曰校勘類，二曰箋釋類，三曰專考類，四曰雜著類，五曰六書類，六曰辨聲類。每類之中，酌分屬目，各屬之前，綴一小序，綜述所以相屬之大意，而立類之旨，亦因之以明，著錄各書，皆詳考其內容，書末附「許君事跡考之屬」「書目與叢刻之屬」兩類，治許學者，手此一編，必可有左右逢源之樂矣。

五、方言考

丁介民撰，民國五十五年，刊載於臺灣省立師範大學國文研究所集刊第九號，民國五十八年七月，復由臺灣中華書局出版，此書分爲兩編，上編「方言版本考」，下編「方言書考」，下編收錄有關方言之書，分爲八類，一曰校勘之屬、二曰輯佚之屬、三曰注疏之屬、四曰芟廣之屬、五曰通考之屬、六曰專考之屬、七曰分地之屬、八曰雜著之屬。此書於著錄各書，皆詳考其版本行款，闡明其傳刻源流，暢敘其利弊得失，而評議論斷，尤爲精審，如於戴震方言疏證一書評曰：「是書以群籍之引方言者，校其訛文，取諸經史傳並六朝文賦中語，以觀其彙通，於廣雅引方言之文，附於逐條之後，然臚列爲多，考證蓋少，且所引多晉、隋、六朝人語，不知子雲所輯，多先秦古言故訓，自應於經傳內，尋其本源，戴氏精於小學，何以未及見於此，間有一二精意，然又不能詳其始末，大抵校多於證，疏證又以舉群書稱引爲尙，雖轉錄之迹可尋，而於上通雅訓，展轉旁通之道，殊無闡發。」又如於錢繹方言箋疏一書，評曰：「是書翔實有法，遠過東原、抱經兩家，雖意在疏通，然於原書之校訂折衷，亦多勝處。」又曰：「疏證之體，則取循聲譯字之法，於展轉互異處，尋其音變之原，清世樸學諸師以聲釋文之道，於斯大備，其疏通證明，堪稱文綿指約，可與王氏廣雅、段氏說文之學相軒�，蓋東墉爲可盧之子，故學有淵源也。」故此書蒐羅完備，義例謹嚴，皆遠出崔驥方言考之上，信足爲斯學之津筏，而有功於學術者也，書末所附「民國以來重要方言論文目錄」，亦極見搜討之功焉。

六、甲骨書錄解題

邵子風撰，民國二十四年十一月，商務印書館初版，此書采錄甲骨著述，以專書爲主，所輯論著，以殷墟文字及器物爲範圍，其他關於殷代文化，及考訂殷史之作，亦酌量采錄，此書共分五類，分別爲「著錄」、「通考」、「字書」、「紀述」、「目錄」等項，此書采摭甚廣，而別擇至嚴，所撰解題，亦頗精審，如於王國維殷周制度論一卷下云：「殷周之際，政治文物，變革綦劇，而簡策闕遺，莫窺其詳，王氏是書，特於殷周制度之異同，博綜詳考，探其大端，而擷其所以變易之故，全書指要，徵於王氏之言自明，王氏曰，周人制度大異於商者，一曰立子立嫡之制。由是而生宗法及喪服之制，並由是而有封建子弟之制，君天子，臣諸侯之制。二曰廟數之制。三曰同姓不婚之制。此數者，皆周之所以綱紀天下，其旨則在納上下於道德，而合天子諸侯卿大夫士庶民，以成一道德之團體。周公制作之本意，實在於此。（集林本葉二）篇中於立子立嫡宗法喪服諸制，洎天子諸侯君臣之分，研討特詳，於殷周典禮，亦多所涉及，歸結其義，以爲殷周之大變革，爲舊制度廢而新制度興，舊文化廢而新文化興，其立制之本意，乃出於萬世治安之大計，凡所摭陳，胥於殷周文物制度，關繫甚鉅，治契學者，必取鏡於此，故敘而錄之。」可見一斑，書末別附「甲骨論文解題」，亦多可資參稽。

七、五十年甲骨論著目

胡厚宣撰，民國四十一年，中華書局出版，此所謂五十年者，蓋自清光緒二十五年（西元一八九九年）甲骨文發現以來，迄於民國三十八年（西元一九四九年），取五十年間，出版之專書論文，不加檢選，全部收錄，計收作者二百八十九人，專著一百四十八種，論文七百二十八篇，所錄論著，共分八類，一曰「發現」，二曰「著錄」，三曰「考釋」，四曰「研究」，五曰「通說」，六曰「評論」，七曰「彙集」，八曰「雜著」。各類論著，先以性質區分，性質相同者，更以出版年月爲序，論著之中，其有可屬兩類以上者，採「互見」之例，分置兩類。此書不具解題，然而綱目清晰，條理井然，手此一編，則五十年間甲骨學之研究發展，本末具在，一覽無遺矣，書末附有「著者索引」、「篇名索引」、「編年索引」，極便檢查。

八、甲骨學專書提要及論文目錄

彭樹杞撰，民國五十四年三月，刊載於「中國文化」六卷三期，此目著錄甲骨研究有關之專書及論文，始自清光緒二十九年，迄於民國五十四年所出版者爲限，分爲兩篇，上篇著錄專書或單行小冊，下篇著錄期刊論文，各以作者姓名筆劃爲次，上篇專書，皆有提要，如於李孝定所撰甲骨文字集釋十六卷下云：「民國五十四年中央研究院歷史語言研究所印行，此書先於民國三十一年（一九四二年）在四川李莊寫竣，頗爲甲骨學家所稱許，其後原稿遺失，近年在台，重行撰成，廣採各家之說，內容愈見豐富，堪稱最完備之甲骨字書。」提要內容，可見一斑，下篇論文，則不具提要，然皆有參考之價值。

九、金石書錄目

容媛編，民國十九年，中央研究院歷史語言研究所初版，民國二十四年增訂出版，此書著錄金石書籍凡九百七十七種，而依其性質，分爲「絲類」、「金類」、「錢幣類」、「璽印類」、「石類」、「玉類」、「甲骨類」、「陶類」、「竹木類」、「地志類」等十種，每類之下，更分子目，所錄各書，詳列卷數、版本、序跋、及各家評語，對於研究金石文字，極富參考價值，書前有容庚序，書末附有「方志中金石志目」、「金石叢書目」、「朝代人名通檢」、「書名通檢」等。

第三節　史學目錄

一、史記研究之資料與論文索引

王民信編，民國六十五年七月，學海出版社初版，此書收錄中外古今有關史記之著作及論文，分爲「版本」、「目錄」、「解題」、「關於史記全書的研究」、「關於史記各個部分的研究」、「司馬遷的生平事跡及其學術貢獻」、「稿本和未見傳本目錄」、「有關史記的非專門著作目錄」、「唐宋元明清筆記中有關史記的文字條目」、「外國學術期刊中有關史記的論文及專著目錄」等十類，書前有圖版二十九幅，書後附有索引，此書對於研究史記，頗富參考價値。

二、漢史文獻類目

馬先醒編，民國六十五年，台北簡牘社出版，此書原名「漢史材料與漢史論著綜合目錄」，後易今名，收錄漢代著作及後世研究漢代史事之著作及論文，而分爲「近代期刊論文」、「隨筆雜著」、「書籍」三類，每類再依資料內容，排比編次。

三、魏晉南北朝史研究論文書目引得

鄺利安編，民國六十年十一月臺灣中華書局出版，此書所收論文著作內容，始自漢末曹魏，下迄南北朝陳之滅亡，所收中英日文論著之發表時間，大抵起於民國初年，至於民國五十八年，舉凡民族、經濟、政治、軍事、社會、經學、史學、文學等各類，並加收錄，論文著錄，則包括編著者，論文題目，雜誌報刊名稱、卷期、出版年月等項，此書以史爲名，究其內容，則不限於純粹之史學方面也。

四、宋史研究論文與書籍目錄

宋晞編，民國五十五年，中國文化學院史學研究所出版，此書分爲「論文」與「書籍」兩類，前者收錄自清代光緒三十年始，迄於民國五十四年止，有關宋史研究之學術論文，共一千七百餘篇，分爲十七項，後者收錄民國元年以來，至於五十四年，有關宋史研究之專門書籍，凡二百三十餘種，分爲二十一項，書末附有作者索引。

五、清代碑傳文通檢

陳乃乾編，民國四十八年，中華書局出版，此書輯錄清代有關碑傳文之文集一千零二十五種，而錄出其中碑傳主人之姓名、字號、籍貫、生卒年月、出處等五項，而以碑傳主人之姓名筆劃爲次，加以排比著錄，此書爲研究清代歷史人物傳記之重要參考書。

六、中國歷代名人年譜總目

王德毅編，民國六十八年八月，華世出版社出版，有關年譜專著，較早有梁廷燦之年譜考略，近時則有王寶先之歷代名人年譜總目，王德毅氏此書，即以王寶先氏所編之年譜總目爲基礎，廣蒐資料，缺遺者補之，錯誤者正之，所補近年出版之諸家新譜，及海外所藏之舊譜，爲王寶先書所未曾收錄者，計增譜主一百二十餘人，所補年譜達五百種以上，改正錯誤及增列新版本者，尤不可勝數。此書共收錄譜主一千三百二十五人，略以譜主生年先後爲次，加以排列，書前有譜主姓名索引，書末附譜主字號別名索引，極便檢查。

七、中國法制史書目

張偉仁編，民國六十五年，中央研究院歷史語言研究所出版，此書收錄現存台北地區十四所重要圖書館中所藏有關中國法制史書籍二千三百五十二種，分爲「規範」、「制度」、「理論」、「綜合」等類，加以編列，每類之下，復分子目，所收書籍，皆注明版本、著者、內容大要、收藏所在，書後有著者索引及書名索引，此書蒐羅宏富，類目謹嚴，極富參考價值。

八、中國地學論文索引

王庸、茅乃文合編，此書分爲正續兩編，正編於民國二十三年出版，續編於民國二十五年出版，此書爲我國最早之地學論文索引，所收期刊雜誌，共一百二十三種，收錄時間，自清代光緒二十八年（西元一九〇四年），至民國二十二年（西元一九三三年）六月爲止，所收論文，分爲「地誌及遊記」、「地文」、「民族」、「政治」、「交通」、「經濟」、「歷史」、「地理圖書」等八類，每類之下，更分細目，且此書範圍極廣，除純粹地理學外，亦包括有地域性質之人文事實及自然形態，故本書之應用範圍，亦隨之增廣，而不限於純粹之地理學也，此書之末，附有「地名索引」及「作者索引」，皆以筆劃多少排列，頗便檢閱。

九、中國古方志考

張國淦編著，此書爲古代方志圖書之專門目錄，其體例略依朱彝尊之經義考，凡屬方志之書，不論存佚，概行收錄，每書之下，各附解題，其分析論斷，多出前人，至於編者間抒己見，則附於按語之中，本書所錄方志，秦漢以至元代爲止，先列總志，即全國性之志書，次分省份，其地域區劃，則以現行制度爲準，每省之書，前爲通志之類，後列府縣志書，而於每條之後，略述地名之沿革，其於研究古今史地之學，爲用尤宏。

十、中國地方志綜錄

朱士嘉編，民國二十四年，商務印書館出版，民國四十七年增訂，民國六十四年，新文豐出版社影印，此書據國內外公私圖書館五十所，及私人收藏之方志，輯錄而成，共收方志五千八百三十二種，時間則自宋代神宗熙寧年間起，至民國二十二年止，空間賅括二十八行省及西藏蒙古兩地方，所收各書，依次著錄其書名、卷數、編輯者、刊刻年月、版本、庋藏處所、備考等項。此書實爲我國現存地方志書之總目錄，極便檢索應用，而於研究歷史地理社會等學科，亦爲極其重要之參考書。

十一、國會圖書館藏中國方志目錄

朱士嘉編，美國國會出版，此書爲美國國會所藏中國地方志書之總目錄，著錄方志凡二千九百三十九種，其刊刻時間，自宋神宗熙寧九年（西元一〇七六年）至民國三十年（西元一九四一年）爲止，所收各書，依次著錄書名、卷數、編者、版本、冊數，書末有筆劃及拼音索引，胡適之先生爲此書題耑。

第四節　哲學目錄

古代目錄所收「子部」之書，在今日觀之，頗多屬於哲學著作，爲求通俗易曉，此節即以「哲學目錄」命名，而枚舉近代較爲重要之此類目錄，以供參考。

一、老子考

王重民編撰，民國十六年，中華圖書館協會出版，民國七十年，東昇出版社重印，此書網羅古今有關老子之著述，約五百部，依時代之先後，加以排列，而分爲七卷，卷一兩漢，卷二三國、晉、六朝，卷三唐（附五代），卷四宋，卷五元，卷六明，卷七清（附民國），並仿經義考之例，每書注明存佚殘缺，並詳注版本，輯錄原書序跋題記，或加按語，書前有袁同禮序及王氏自序，書末附錄有六，一曰存目，二曰通論與札記略目，三曰日本著述略目，四曰老子譯書略目，五曰道德經碑略目，六曰傳記略目。此書蒐羅完備，爲極重要之參考書目。

二、老列莊三子知見目錄

嚴靈峰編，民國五十三年，中華叢書委員會出版，嚴氏嘗有「中外老子著述目錄」與「列子莊子知見書目」，分別於民國四十六年與五十年出版，此書即合前二書而成者也，此書分爲上、中、下三編，上編爲「老子知見書目」，中編爲「列子莊子知見書目」，下編爲論說、雜著、版本目錄、序跋題記等，此書所收中外老子專著一千餘種，論說八百餘篇，列子專著一百四十餘種，論說一百四十餘篇，莊子專著八百五十餘種，論說三百五十餘篇。所錄各書，皆自先秦以迄民國，斷代分列，各書之下，偶加按語，亦時多精闢之見。

三、莊子書錄

馬森撰，民國四十八年六月，刊載於臺灣省立師範大學國文研究所集刊第三號，此書收錄歷代莊學書籍，區分門目，析爲六類，一曰注釋類，二曰音義類，三曰論說類，四曰評校類，五曰篇什類，六曰雜類。每類中書，依時代先後，爲之著錄，每書之下，多考其作者，詳其版本，明其大旨，覈其流別，注其存佚，得此一編，而莊學之脈絡，如在目前矣，末附「民國以來莊子論文目錄」，亦可資參稽也。

四、荀子書目

阮廷卓撰，民國五十年六月，刊載於台灣省立師範大學國文研究所集刊第五號，此錄收集荀子有關書籍，分爲六類，一曰本書，二曰注釋，三曰論說，四曰評校，五曰篇雜，六曰日本人著述。每類所收著述，多徵引資料，加以解說，以評論其得失優劣，而於版刻方面，著錄尤詳，末附「民國以來荀子論文要目」，亦可供參考。

五、周秦漢魏諸子知見書目

嚴靈峰編，民國六十四年至六十七年，正中書局出版，此書收集著者先後出版之書目六種，計有「中外老子著述目錄」（民國四十六年出版）、「列子莊子知見書目」（民國五十年出版）、「老列莊三子知見書目」（民國五十四年出版）、「墨子知見書目」（民國五十八年出版）、「管子知見書目」（民國六十一年發表）、「管子晏子知見書目」（民國六十二年發表），並增加儒家雜家等書目，編輯而成，全書共分六卷，第一卷收老子書目，第二卷收列子、莊子、關尹子、鶡冠子、文子等書目，第三卷分爲三類，其一收儒家之晏子、荀子、曾子、子思子、孔子家語、孔叢子等書目，其二收法家之管子、商鞅、韓非、愼子、申子、尸子等書目，其三收墨家墨子，名家公孫龍子、鄧析子、尹文子、惠子、鬼谷子、范子計然等書目，第四卷收兵書如孫武、孫臏、吳子、司馬法、尉繚子、六韜、三略等書目，第五卷收秦漢魏諸子，第六卷附錄，收重要諸子之版本目錄、歷代重要藏書志讀書志目錄。全書所收，計中文書籍四千餘種，日文書籍一千餘種，英文書籍三百餘種，總計六千餘種，爲近代專科目錄之中，所收資料最屬豐富之作。

六、中國歷代法家著述考

孫祖基撰，民國二十三年，上海開明書店初版，民國五十九年，台北古亭書屋影印，此書著錄三千年來法家之有關著述，迄於清末，共五百七十二種，資料來源，主要以歷代史志及補志爲根據，間亦取材於名家文集及藏書題記，輯錄考訂，分爲六編，每一書籍，注明書名、卷數、撰人、存佚，間附提要。

七、歷代兵書目錄

陸達節編，民國二十二年，南京軍用圖書社出版，民國五十八年，台北古亭書屋影印，此書收錄我國古今兵學書籍，凡一千三百零四種，各書著錄，以著者時代先後爲次，每一書籍，注明書名、著者、卷數、版本各項，並注明存佚，凡現存之書，尚達二百八十八種。

第五節　文學目錄

古代「集部」之書，不盡爲文學作品，古代文學作品，亦不盡在集部之中，故此節所述，不用集部之名，而逕名之爲文學目錄也。

一、楚辭書目五種

姜亮夫編撰，民國五十年，中華書局出版，民國六十一年，明倫出版社重印，此書收錄有關楚辭研究之書目五種，一爲「楚辭書目提要」，收錄楚辭論著凡二百二十八種，著錄各書，皆詳注版本、序跋等項，以代解題，頗便參考。二爲「楚辭圖譜提要」，收錄楚辭有關圖譜共四十七種。三爲「紹騷隅錄」，收錄歷代有關模仿騷體之作品共一十九種，篇章一百九十二題。四爲「楚辭札記目錄」，收錄宋代以下關於楚辭之札記共八百零二題。五爲「楚辭論文目錄」，收錄民國以來各家討論楚辭之論文，至於民國四十七年爲止，共計四百四十七篇。此書之末，附有「書名」、「篇名」、「著者姓名」等索引。

二、選學考

邱燮友撰，民國四十八年六月，刊載於台灣省立師範大學國文研究所集刊第三號，此書於「文選本書」之外，另分為「注釋」、「音義」、「評校」、「選理」、「摘粹」、「選賦選詩」、「芟廣」、「目錄引得」等八類，每類所收書籍，依其成書先後，而為之編次，每書皆注明篇卷、撰者、著錄、存佚、提要、版本等項，信足為研治選學之津梁，末附「古詩十九首」之論著，及「選學論文」，亦可資於參考。

三、唐代文學論著集目

羅聯添編，民國六十八年七月，台北學生書局出版，此書蒐集中外學者研究唐代文學之論著，彙為一編，外文論著，約自西元一九〇〇年至一九七六年所出版者，中文論著，約自民前五年至民國六十七年所出版者，而分為「通論」、「作家及其作品」、「傳奇小說」、「敦煌變文」等四大類，每一大類中之論著，依中文、日文、韓文、西文之序著錄，所收各書，並按照出版年月，編號排列。此書所錄資料，極為詳審，書末另附「引用文獻」及「著譯者索引」，亦易於檢閱。

四、宋代詩話敘錄

陳幼睿撰，民國五十年三月，刊載於台灣省立師範大學國文研究所集刊第五號，此書分為甲乙兩編，甲編收錄北宋詩話二十五部，乙編收錄南宋詩話二十一部，而以「金元詩話敘錄」附焉，所錄各書，並為之撰寫敘錄，考明大旨，論斷是非，又詳注版刻流衍，故於宋代詩話，可以作為導引入門之參考也。

五、詞籍考

饒宗頤撰，民國五十三年，香港大學出版社出版，此書收錄詞學書籍共兩百餘種，分爲「詞集」、「詞譜」、「詞韻」、「詞評」、「詞史」、「詞樂」等六類，每類中之書，各依時代先後，爲之編次。

六、歷代詞話敘錄

王熙元撰，民國五十三年六月，刊載於台灣省立師範大學國文研究所集刊第八號，此書共分爲五編，第一篇爲宋代詞話敘錄，第二篇爲元代詞話敘錄，第三篇爲明代詞話敘錄，第四爲清代詞話敘錄，第五編附錄，爲民國詞話，而題爲現代詞話敘錄者。各編中之書籍，又以時代之先後，爲其編次，敘錄之重點，除作者之生平、版刻之體制外，尤注重評論其見解之優劣，文理之純駁，手此一書，提綱挈領，進而閱讀歷代之詞話書籍，則必能得心應手，而有逢源之樂也。

七、中國戲曲總目彙編

羅錦堂編，民國五十五年，香港萬有圖書公司出版，此書先分「散曲總目」與「戲劇總目」兩類，兩類之中，再各分子目，散曲總目分爲：「散曲總集」、「元代散曲選集」、「元代散曲專集」、「明代散曲專集」、「清代散曲集」、「清代雜曲及近人曲集」、「散曲評論及研究雜著」等項。戲劇總目分爲：「全本戲劇選集」、「散本戲劇選集」、「戲曲研究」、「戲曲雜著」

等項。蓋自黃文暘「曲海總目提要」及王國維「曲錄」以後，羅氏此書，殆為集戲曲大成之總目也，故鄭騫先生序此書，嘗謂此書為「記錄前人成果，開啓後學門徑，切實有用之書」，唯此書除書前目錄外，不附任何索引，檢尋查閱，不甚方便。

八、善本劇曲經眼錄

張棣華撰，民國六十五年，文史哲出版社出版，此書於國立中央圖書館所藏善本劇曲，一一詳敘其作者生平，內容大要，版刻源流，及收藏經過等項，其於研究劇曲，不失為導引入門之佳構也。

九、宋代小說考證

皮述民撰，民國五十年六月，刊載於台灣省立師範大學國文研究所集刊第五號，此書考證宋代小說，先為蒐集宋代小說之書，是亦目錄之所有事也，此書分為四類，一曰「集成之屬」，二曰「雜事之屬」，三曰「神怪之屬」，四曰「話本之屬」。四類之中，共收宋代小說凡六十六部，蓋宋人著述，介乎小說與雜事、雜史、故事、傳記之間者甚多，故寧缺而毋為濫取也。所收各書，皆分就「撰人」、「卷本」、「內容」三項，旁徵博引，加以考證，其於宋代小說之研究，極具參考指引之作用。

十、中國通俗小說書目

孫楷第撰，民國二十二年，國立北平圖書館出版，民國四十七年，增訂再版，此書收錄自宋代以迄清代之舊體小說，計八百餘種，分爲四類，一曰「宋元部」，二曰「明清講史部」，三曰「明清小說部甲」，四曰「明清小說部乙」。第四類中，又分爲「煙粉」、「靈怪」、「說公案」、「諷喩」四項。所錄各書，先注明「現存」、「已佚」、「未見」等項，現存各書，大多摘錄有關該書之筆記掌故，或附述簡要大旨，自有小說書目以來，當以此書最稱完善，黎錦熙嘗序此書，以爲此書之作，「振近代語之宏綱，破著錄界之天荒」，洵不誣也。

十一、日本東京所見中國小說書目

孫楷第撰，民國四十二年出版，此書輯錄日本東京公私收藏之中國舊式小說九十餘種，分爲「宋元部」及「明清部」兩類，明清部又區分爲「短篇」、「講史」、「靈怪」、「公案」、「勸戒」等項，所錄各書，均注明卷數、回數、版本、內容、及收藏地點，至於國內罕見之書，則或加簡明評論。

十二、倫敦所見中國小說書目提要

柳存仁撰，民國六十三年，台北鳳凰出版社出版，分爲中英文兩部分，中文部分收錄作者於一九五七年在英國倫敦大英博物館及皇家亞洲學會圖書館所見之中國小說共一百三十四部，並逐一注明書名、卷數、版刻、行款、出版年月、內容大要等項而成，其於小說研究，頗能提要鉤玄，有所助益，英文部分，包含五篇論著，一曰「論明清中國通俗小說版本」，二曰「孤本及罕見本」，三曰「論一書之時代與眞僞」，四曰「小說史上之諸問題」，五曰「論近人研究中國小說之得失」，此書之末，附有書影三十餘幀。

十三、文學論文索引

陳碧如、張陳卿、劉修業等編，此書正、續、三編，分別於民國二十一、二十二、二十五年出版，正編收錄清光緒三十一年至民國十八年之期刊報章一六二種，論文四千餘篇，續編收錄民國十七年至二十二年五月出版之期刊報章一九三種，論文四千餘篇，三編收錄民國二十二年六月至二十四年十二月出版之期刊報章二百二十餘種，論文四千餘篇。此書正、續、三編，依所收論文性質，分為三編，上編為「文學總類」，中編為「文學分論」，下編為「文學家評傳」，中編又分為「詩歌」、「戲劇」、「小說」、「辭賦」等項，每書之首，附有「收錄期刊卷數號數一覽表」，每書之末，附有「書籍介紹」、「文學家介紹」、「文壇消息」等，此書為檢索抗戰以前，國內期刊報章所發表之文學論文，極佳之工具書。

十四、三訂中國文學史書目

梁容若、黃得時合編，民國五十六年九月，刊載於「文壇」雜誌第八十七期，此書為梁黃二氏繼所編「中國文學史書目」（載東海大學圖書館學報第二期），及「重訂中國文學史書目」（載幼獅學誌六卷一期）之後，另一增訂之作，此書收錄清末以至民國五十五年為止，有關中國文學史之著述六百餘種，亦兼收日文著作，內容分為「通史」、「斷代史」、「專史」、「附錄」四類，通史類各書依出版先後為次，斷代史類各書依內容階段排列，自古及今，專史類各書分為韻文、詩、樂府、詞曲、辭賦、駢文、散文、小說、文學批評、婦女文學等項。

第十章 特種

第一節 叢書目錄

專科目錄以記載各種性質不同之學術爲目的，其所記載之學科，必當自成系統，自立疆域，始能當此稱呼，至於若干性質特異，內容又不限於一科，如叢書、善本、個人等目錄，既不能歸入專科目錄之列，至不得已，乃列一特種目錄之名焉，此類特種目錄，論其貢獻於學術研究者，固亦絕不在於專科目錄之下也。以下，先述叢書類之目錄。

一、叢書書目彙編

沈乾一編，民國十七年，上海醫學書局出版，此書共收叢書兩千零八十六種，依書名筆劃多少爲次，每一叢書，皆著錄書名、編者、版刻、所收書籍名稱及種數等項。此書缺點有二，其一爲未以叢書子目分類，故應用檢索之際，頗不方便，其二爲濫收之書不少，如「讀書雜志」及「宋詩鈔補」等，實非叢書，亦並加收入。

二、叢書子目書名索引

施廷鏞編，民國二十五年，清華大學圖書館出版，此書共收錄叢書一千二百七十五種，而析其子目爲四萬餘條，皆按書名筆劃爲次，此書優點，在能以叢書子目爲分類，檢索子目中某一書籍時，極爲便利，此書之出，足以補正沈乾一叢書書目彙編檢索不便之缺點。

三、叢書大辭典

楊家駱編，民國二十五年，中國學典館復館籌備處初版，民國五十六年，鼎文書局再版，此書收錄歷代叢書，凡六千餘種，子目共十七萬條，所收子目，分爲四類，一曰「叢書總目」，二曰「叢書編校刊刻人名」，三曰「叢書子目書名」，四曰「叢書子目各書撰注人名」。此書所收總目子目等項，較諸沈乾一、沈廷鏞所編輯之書，內容更爲擴大，材料更爲豐富，自有叢書以來，仍以此書所收叢書種數，最爲繁多，唯此書原爲草創本，書內牴牾之處，自不能免，編者本擬再事刪訂，方正式面世，而中日戰起，原稿卡片，燬於兵燹，所存唯此草創之本，而海內外求索者衆，乃即以此草創之本，先予重印百部，以應世求也。此書之前，有「筆劃部首索引」及「筆劃索引」，卷內各頁眉端附有「四角號碼」，以便檢尋。

四、叢書總目續編

莊芳榮編，民國六十三年，台北德浩書局出版，此書收錄近二十五年以來，中華民國所編刊重印之叢書六百八十三種，其中新編者二百四十六種，重印者四百二十三種，民國六十三年已印或擬印者十四種，此書分爲「彙編」及「類編」兩部，彙編又分爲「雜纂」、「輯佚」、「郡邑」、「

氏族」、「獨撰」五類，類編亦分爲「經」、「史」、「子」、「集」四類，各類之下，再分若干小類。

五、台灣各圖書館現存叢書子目索引

王寶先編，民國六十六年，美國舊金山中文資料中心出版，此書將台灣十所主要圖書館現存之叢書一千五百餘種，子目四萬多條，編爲索引，索引分爲「書名」及「著者」兩類，各按筆劃排列，筆劃相同者，則依部首爲先後，「書名索引」著錄書名、卷數、著者、年代、叢書條目及說明等項，「著者索引」根據子目書名索引編輯，先列著者，次列頁碼。此書之末，附有「台灣各圖書館現存叢書目錄」，依筆劃排列，每種叢書，注明子目、撰者、版本、以及藏書所在。

六、中國叢書綜錄

一九五九年至一九六二年，陸續出版，共爲三冊，此書收錄叢書二千七百九十七種，蓋取諸全國四十一所重要圖書館之藏書所成者也，第一冊爲「總目分類目錄」，乃所收叢書之總目，分爲「彙編」與「類編」兩類，彙編分爲雜纂、輯佚、郡邑、氏族、獨撰五種，類編分爲經、史、子、集四種，各類之下，更分細目。第二冊爲「子目分類索引」，以叢書中子目爲條目，共收子目七萬餘條，分爲經、史、子、集四類，每書注明名稱、卷數、著者、及所屬叢書名稱。第三冊爲「子目書名索引」與「子目著者索引」，爲檢索本書第二冊之工具。此書三冊，體例頗爲謹嚴，檢閱亦十分便利。

第二節　善本目錄

印刷術發明之後，書籍遂有刻本，宋元槧刻，精美少誤，後世推爲善本，降至清代，錢曾撰讀書敏求記，獨載其述古堂佳善之書，其後，私人藏書特重宋元之本，一時名家，若黃丕烈之士禮居藏書志，孫星衍之廉石居藏書記，張金吾之愛日精廬藏書志，汪士鐘之藝芸精舍宋元本書目，潘祖蔭之滂喜齋藏書記，楊守敬之日本訪書志，姚覲元之咫進齋善本書目，繆荃孫之藝風藏書記，莫友芝之宋元舊本書經眼錄，傅增湘之雙鑑樓善本書目，鄧邦述之群碧樓善本書錄，張鈞衡之適園藏書志，皆其特著者也，而陸心源之皕宋樓，丁丙之八千卷樓，楊紹和之海源閣，瞿鏞之鐵琴銅劍樓，遂稱爲晚近四大藏書之家，而皆有書目，以行於世也，以下，即枚舉當前較通行者，以見其例。

一、皕宋樓藏書志

清陸心源撰，此書所載，計有宋刊本二百餘種，元刊本四百餘種，每書之下，注明卷數、刊本、著者，並附解題，而於先賢手跡，題識印記，校讎年月，悉加登錄，尤詳於版刻記載。唯皕宋樓之藏書，已於光緒末年，由日人島田翰，慫恿心源之子樹藩，以十萬銀元，爲日人輩歸扶桑，今藏之靜嘉堂文庫之中矣。

二、**善本書室藏書志**

清丁丙撰，丁氏藏書，宋槧只存四十種，元刊逮百種，以視百宋千元，相去有間矣，然所著錄，逾三千種，且藏明代書籍特多，丁氏又有八千卷樓書目之作，不僅藏書甚富，即其鈔補文瀾閣本四庫全書，輯印武林掌故叢編，對於保存文獻，亦功績卓著，宣統元年，丁氏經商失敗，虧耗至五億之巨，兩江總督端方，遂以七萬五千元，盡購其書，歸之江南圖書館，得免步皕宋樓舊藏之後塵也。

三、**鐵琴銅劍樓藏書目錄**

清瞿鏞撰，鏞父紹基，性喜購書，鏞承先人之志，蒐羅不懈，聚書至十餘萬卷，此目成於咸豐間，所收以明代以前之刊本及舊鈔本、批校本爲限，所錄各書，除考其卷數、撰者、源流，記其行款、格式、版刊之外，尤著重與其他諸本之比較，而瞿氏於其藏書，不自珍秘，能與世人共享，民國十一年起，上海商務印書館影印四部叢刊，所據皆爲世間珍本，其假自瞿氏者，約七十餘種，其嘉惠於學術研究者，尤不可勝數也。

四、**寶禮堂宋本書錄**

潘宗周撰，民國二十八年出版，所錄南海潘氏寶禮堂所藏宋本九十九部，又複本八部，附元刊本六種，凡得書一百又五部，每書先有解題，說明一書之刊印年代，與其他刊本之關係，或校其異同，諸家題記，則多加錄出，然後分記版式、刻工、宋諱、藏印等項，極爲詳明，體例可爲法式，書前有張元濟序及潘氏自序，或云，此書即出張氏手筆。

五、國立中央圖書館善本書目（增訂本）

國立中央圖書館編，民國五十六年出版，自民國三十八年，該館隨政府遷台，所藏善本圖書，約十二萬册，其中有宋刊本二〇一種，金刊本五種，元刊本二三〇種，明刊本六二一九種，清刊本三四四種，稿本四八三種，批校本四四六種，鈔本二五八六種，高麗刊本二七三種，日本刊本二三〇種，安南刊本二種，敦煌寫經一五三卷。上述圖書，編爲書目，由中華叢書委員會印行，於民國四十六年出版，嗣後，中央館在台又新購善本多種，並代爲保管北平圖書館及東北大學所藏之善本，此增訂本，即合上述各種善本圖書書目，分爲經、史、子、集、叢書五類，彙編而成，所收善本圖書，已逾十四萬三千册，並世各公私收藏，殆無與倫比矣。

六、台灣公藏善本書目書名索引

國立中央圖書館編，民國六十年出版，此書根據八種善本書目彙編而成，八種書目，爲國立中央圖書館善本書目增訂本、國立故宮博物院善本書目、中央研究院歷史語言研究所善本書目、國立台灣大學善本書目、台灣省立台北圖書館善本書目、國防研究院善本書目、國立台灣師範大學善本書目、私立東海大學善本書目。各書依筆劃多少爲序，著錄款項，依次爲書名、卷數、著者、版本、收藏單位之善本書目簡稱及頁碼等。中央館於民國六十一年八月，又出版「台灣公藏善本書目人名索引」，亦據前述八種書目彙編而成。

七、美國國會圖書館藏善本書目

王重民輯錄，袁同禮重校，一九五七年，美國國會圖書館初版，民國六十一年，台北文海出版社影印出版，本書所收善本，計一千七百七十七種，其中宋刊本十一種，元刊本十四種，明刊本一千五百一十八種，清刊本七十種，稿本一百四十種，高麗刊本十一種，日本刊本十一種。書末附有「著者索引」及「書名索引」。

八、普林斯頓大學葛思德東方圖書館中文善本書目

屈萬里撰，民國六十四年，台北藝文印書館初版，普林斯頓大學葛思德東方圖書館所藏中文善本圖書，王重民曾於民國三十五年編輯書志，稿成而未曾印行，嗣後，胡適之先生接長該館，曾改訂王氏書志一部分，民國五十四年，屈萬里先生應邀至該館，就王胡二人之稿，刪補增訂，撰爲此書，收錄中文善本圖書，凡一千一百四十八種，三萬零三百六十九冊，所收各書，皆述其傳刻源流、行款格式、版本優劣等項，書前有牟復禮及該館館長童世綱所撰序文，書末有屈萬里所撰跋文及後記。

九、香港大學馮平山圖書館藏善本書錄

饒宗頤編著，一九七〇年十二月，香港龍門書局出版，此書收錄香港大學馮平山圖書館所藏善本圖書共二百餘種，其中宋元刊刻之本，爲數雖不甚多，而所藏鈔本，則不少爲清代經學家之手稿，吉光片羽，彌足珍貴，如張惠言易義別錄一書，饒氏解題曰：「此書學海堂經解已刊，頗

有增益，此乃其手稿本，朱墨批語極多，蓋出張皋文親筆，內夾有其子張成孫簽條，有成孫謹校字樣。」又如陳蘭甫手批方望溪周官辨一冊，饒氏解題曰：「蘭甫手筆硃批，頗多譏彈，略謂望溪於著書之法，全不了了，其學空疏，不能考據，未足以說周禮云。」可見一斑。

第三節　引書目錄

引用目錄，乃彙編一書中所引用其他書籍之目錄，引用書目，可以據其考察一書內容，兼作輯錄亡佚之依憑，有助於學術之研究，茲錄其較著者為例。

一、五代史記注引書檢目

班書閣編，民國二十三年七月，刊載於女師院期刊二卷三期之中，此書輯出清代彭元瑞等編纂、劉鳳浩編次之五代史記注中所引用之書目，凡三百餘種。

二、慧琳一切經音義引書索引

國立北京大學研究所文史部編，民國二十七年，商務印書館出版，此書為北京大學研究生於導師沈兼士指導之下，所編輯之引書索引，一切經者，佛教經論之總稱也，為一切經撰著音義者，先後凡有三稱，其一希麟，其書已佚，其二遼僧玄應，其書僅二十五卷，其三唐僧慧琳，為書凡一百卷，此書大量引述先秦以下之語言文字書籍，以釋佛書音義，此書為其引書索引，用此輯錄古代小學亡佚書籍，爲用甚宏。

三、毛詩注疏引書引得

四、周禮注疏引書引得

五、儀禮鄭注及賈疏引書引得

六、禮記注疏引書引得

七、春秋經傳注疏引書引得

八、爾雅注疏引書引得

九、世說新語劉注引書引得

十、文選注引書引得

十一、太平御覽引書引得

十二、太平廣記篇目及引書引得

洪業等編，民國十九年，洪業提議編纂中國古籍之索引，皆爲哈佛大學及燕京大學所贊助經費，迄至民國三十九年，編成哈佛燕京學社引得凡四十一種，貢獻於學術研究者甚巨，上述數種，爲檢索引用書籍之引得，可據以增加研究之資料。

十三、周易正義引書考

王忠林撰，民國四十八年六月，刊載於台灣省立師範大學國文研究所集刊第三號，此書凡分七章，第一章緒論，第二章正義引易學書考，著錄所引易書凡二十六種，第三章正義引他經考，著錄所引經書凡八種，第四章正義引緯書考，著錄所引緯書凡四種，第五章正義引小學書考，著錄所引小學書凡五種，第六章正義引史書考，著錄所引史書凡四種，第七章正義引子書考，著錄所引子書凡五種，共計引書凡五十二種。

十四、群經引詩考

余培林撰，民國五十三年，刊載於台灣省立師範大學國文研究所集刊第八號，此書所謂群經，指十三經中除「詩經」以外之十二經而言，十二經未必皆引詩句，然爲便於稱名，故定名如此，此書依據群經引詩之形式、性質，區爲五類，一曰同文，二曰異文，三曰賦詩，四曰逸詩，五曰樂詩，其於「詩經」在先秦典中被引述之作用，與四家詩之異同比較，皆有明確之結論。

十五、水經注引書考

勸炳琅撰，民國七十三年六月，刊載於國立台灣師範大學國文研究所集刊第二十八號，此書專考「水經注」所引之書籍，分爲四部，計得所引經部書籍四十五種，所引史部書籍一百六十二種，所引子部書籍三十二種，另待考者十五種，共計二百五十四種，所引每書，依次考其撰者、著錄、考證、引目等項，書前有「酈氏引書例」，亦可供參考之用。

第四節　個人著作目錄

個人著作目錄，有著者自定者，有他人代撰者，然其有裨於學術之研究者，功用則一，茲爲略舉其例，以爲參考之資。

一、張衡著作繫年考

楊清龍撰，民國六十四年十二月，刊載於書目季刊九卷三期，此目依據張衡生平，區分爲「初到京師時期」、「任南陽太守鮑德主簿時期」、「留原籍讀書時期」、「官居郎中及尙書侍郎時期」、「首任太史令時期」、「任公車司馬令時期」、「復任太史令時期」、「居侍中時期」、「任河間相時期」等九種時期，而依其年歲，逐年繫錄其各類著作，並各附解題。

二、鄭樵著述考

顧頡剛撰，民國十二年，刊載於國學季刊一卷一二號，此目蒐羅鄭樵著述，而分爲經旨、禮樂、文字、天文地理、蟲魚草木、方書、校讎、亡書、圖譜、通志、記事、文學、書目、附錄等十四類，考明其內容大要、存佚現象。

三、朱子著述考

吳其昌撰，民國十一年，刊載於國學論叢一卷，然此實爲「朱子佚書考」，著錄朱子亡佚、擬撰、未成書籍，計經部著述四十四種，史部著述五種，子部著述二十六種，集部著述十六種，總計一百零一種。

四、葉適著作考

周學武撰，民國六十三年九月，刊載於書目季刊十一卷二期，此目著錄葉氏著作凡十二種，每書各附解題，以考明各書大旨，並分別注明「存」、「佚」、「缺」、「未見」等項。

五、汪容甫著作考

陳鐵凡撰，民國五十六年九月，刊載於書目季刊二卷一期，此目著錄汪氏著作，計其已刊者十一種，屬稿者十三種，校讀之本六種，共計爲三十種，並詳加考述，凡汪氏之著作，大略已盡於是矣。

六、高郵王氏父子著述考

劉盼遂撰，民國三十年，刊載於北平圖書館刊四卷一期。

七、翁方綱著述考

李豐楙撰，民國六十三年十二月，刊載於書目季刊八卷三期，此目收錄翁氏所著書籍，計「經學」之屬二十四種，「碑帖」之屬三十三種，「詩集與詩學著述」四十二種，「文集與其他雜著」二十九種，「題記與校補」之屬十九種，共計一百四十七種，每書各附解題，可資參考。

八、胡適文存索引

童世綱編，民國五十八年，學生書局出版，此書根據胡氏四種文集編輯，四種文集，其一爲胡適文存（上海亞東書局本），其二爲胡適文存（台北遠東書局本），其三爲胡適論學近著（上海商務印書館本），其四爲胡適選集（台北文星書局本）。索引分爲兩種，一爲「篇目分類索引」，一爲「篇目及其中要詞混合索引」，每一條目，先列四角號碼，次列篇名或要詞，再列書名簡稱、集數、卷數及面數，書末附有「索引首字筆劃四角號碼對照表」、「索引首字羅馬拚音筆劃及四角號碼互見表」、「篇目中所見西文名詞檢字表」。

九、中央研究院院士及研究人員著作目錄

中央研究院編，民國六十年出版，此書分爲「院士著作目錄」及「研究人員著作目錄」兩部分，院士著作目錄，依照院士所屬組別、當選屆別、姓氏筆劃爲序，加以排列，研究人員著作目錄，依照數理、生物、人文、社會科學次序，加以排列，每一著者，皆注明簡歷，包括現職、出生年月日、籍貫、學歷、經歷等，所收著作，以民國六十年八月三十一日以前出版者爲限，書末附有該院各研究所出版物品目錄。

十、中華民國文史界學人著作目錄

劉德漢編，民國六十年九月起，逐期刊載於「書目季刊」（六卷十期開始）之中，每期收錄學者二三人之著作目錄，包括專著與論文兩項，其後，於民國七十一年十二月，書目季刊十六卷三期開始，改名爲「當代漢學家著作目錄」，逐期刊出，並於書目季刊二十一卷一期，刊載經已

入錄學者著作目錄之索引，按學者姓名筆劃多少編列，甚便尋檢。

第五節 綜合目錄

所謂綜合目錄，即於目錄之中，遍收性質不同之專著或論文，而按性質分類排列，以其兼攝四部，故命之爲綜合目錄，茲舉其時代切近，而易覓易檢者，錄出如下。

一、**國學論文索引**

此書初至五編，民國十八年、二十年、二十三年、二十五年，四十四年，由北平圖書館分別出版，初編由王重民主編，續編由徐緒昌主編，三四編由劉條業主編，五編由候植忠主編，初編分爲總類、群經、語言文字、考古學、史學、地理、諸子學、文學、科學、政治法律學、經濟學、社會學、教育學、宗教學、音樂、藝術、圖書目錄學等十七類。其他各編，分類或有差異，大體則相同也。此書爲近代綜合性論文目錄之創始者，嘉惠於學術研究、影響於日後綜合目錄之體例者，皆甚巨大。

二、**民國學術論文索引**

章群編，民國四十三年，中華文化出版事業委員會出版，此書所收論文，以文史哲學爲主，其所取材，多本於中央研究院歷史語言研究所之收藏，所收期刊，共計七十三種，所收論文，分爲十類，即總類、哲學、經學、史學、地理、語文學、文學、民族學與民俗學、考古人類學、圖書與文獻，每類之中，又分爲若干子目，體例甚爲完密，自國學論文索引面世以後，當以此書，最便讀者使用，此書之前，有「本書所收學報學誌一覽」、「暫未收錄學誌一覽」、「國學論文索引一至四編部分雜誌收錄表」。

三、中國史學論文引得

余秉權編，民國五十二年，香港亞東學社出版，此書收錄自清代光緒二十八年（西元一九〇二年），至民國五十二年（西元一九六二年），凡六十年間，三百五十五種期刊中，有關史學研究之論文一萬零三百二十五篇，彙編而成，所採期刊，多根據於香港大學馮平山圖書館之收藏，而旁及新亞書院、星島日報、以及私人庋藏，唯此書所謂之「史學」，範圍較廣，不以純粹史學爲限，舉凡以「國學」爲範圍者，皆加以收錄，此書編列，以著譯者姓名筆劃多少爲順序，每一著譯者，皆賦予編號，每一號碼之下，匯集所著譯之論文，依發表時間先後，加以著錄，此種編列論文之方式，可以考見該一學者學術研究之路向及成果，此書之末，附有「標題索引」及「卷期及年月輔助索引」，亦可據以考查重要史實及年度大事之用。

四、中國史學論文引得續編

余秉權編，民國五十九年，哈佛燕京圖書館出版，此書副題爲「歐美所見中文期刊文史哲學綜錄（一九〇五—一九六四）」，乃余氏於一九六四及一九六五年，分別在歐美十五所大學圖書館中手錄之卡片，彙集編成，所收期刊，達五百九十九種，所錄論文，達二萬五千篇，此書體例，一如前編，唯省略輔助索引，檢尋應用，較不方便。

五、近二十年文史哲學論文分類目錄

國立中央圖書館編輯，民國五十九年，正中書局出版，此書根據國立中央圖書館所藏民國三十九年至五十七年出版之期刊及論文，集彙編而成，計收期刊二百六十一種，(以在台出版者爲主，海外自由地區出版者次之)論文集三十六種，其收錄論文二萬三千六百一十六篇，分爲哲學、經學、語言文字學、歷史、專史、傳記、考古學、民族民俗學、圖書目錄學等十大類，每類之下，各分子目，論文著錄，依次爲編號、篇名、作者、刊物名、卷期、頁碼、出版日期，書末附「著譯者索引」，依姓氏筆劃多少排列，極便檢閱。

六、現代論文集文史哲論文索引

楊國雄、黎樹添編輯，一九七九年香港大學亞洲研究中心出版，此書收錄八百五十五種現代論文集，一萬零三百一十八篇論文，彙集而成，所謂「論文集」，指其既非定期出版之刊物，亦非具有系統性質之個人專著，此書分爲「論文集一覽表」、「論文分類目錄」，及「輔助索引」三部分，「論文集一覽表」依書名筆劃多少爲次，「論文分類篇目」則就論文內容，分爲二十大類，論文著錄，依論文編號、篇名、著譯者、論文集編號、起訖頁次、原刊處所等項，「輔助索引」分爲著譯者索引、標題索引、年代索引、地域索引四種。此書之作，蓋以一般綜合性之目錄，往往不收論文集中論文，故專取當代論文集，彙集其論文，作為此書，可以彌補此一缺憾也。

七、全國博碩士論文分類目錄

王茉莉、林玉泉合編，民國六十六年，台北天一出版社印行，此書收錄全國各大學研究所之博碩士論文，自民國三十八年至六十四年，凡八千七百零八題，彙編而成，此書分類，依照「中國圖書分類法」，每一類中，依著者姓氏筆劃多少為次，每篇論文，皆著錄編號、著者、論文題目、畢業院所、年度、指導教授、收藏地點等項，書末附有「著者筆劃索引」及「篇名索引」。

八、六十年來之國學

程發軔主編，民國六十年至六十四年，正中書局出版凡五冊，此書為慶祝中華民國開國六十週年而作，內收六十年來，各種學術之研究成果與評論（或附六十年來該學科之論文目錄），實亦綜合性質之國學書目也，其類目如下：第一部經學，計有六十年來之「易學」（徐芹庭撰）、「尚書學」（許錟輝撰）、「詩學」（張學波撰）、「禮學」（周何撰）、「公羊學」（阮芝生撰）、「穀梁學」（王熙元撰）、「左氏學」（劉正浩撰）、「論語學」（邱燮友撰）、「孝經學」（李鎏撰）、「孟子學」（尤信雄撰）、「大學中庸」（林耀曾撰）、「爾雅學」（余培林撰）。

第二部語言文字，計有六十年來之「文字學」（曾忠華撰）、「甲骨學」（吳璵撰）、「金石學」（李國英、張建葆撰）、「聲韻學」（陳新雄撰）、「訓詁學」（黃永武撰）、「文法學」

（戴璉璋撰）、「國語運動簡史」（方祖燊、鄭奮鵬、張孝裕撰）、「敦煌寫本之研究」（蘇瑩輝撰）。

第三部史學，計有六十年來之「史記之研究」（劉本棟撰）、「漢書之研究」（劉兆祐撰）、「晉書之研究」（廖吉郎撰）、「宋史之研究」（辜瑞蘭撰）、「元史與新元史」（洪金富撰）、「明史之研究」（徐泓撰）、「清史稿與清史」（何烈撰）、「台灣通史之研究」（徐泓撰）、「竹書紀年之考訂」（吳璵撰）、「水經注之研究」（林明波撰）。

第四部子學，計有六十年來之「老子學」（謝忠正撰）、「莊子學」（黃錦鋐撰）、「荀子學」（饒彬撰）、「墨子學」（王冬珍撰）、「韓非子學」（韋日春撰）、「呂氏春秋學」（楊宗瑩撰）、「淮南子學」（于大成撰）、「理學」（曾昭旭撰）。

第五部文學，計有六十年來之「古文」（莊雅洲撰）、「白話文」（張健撰）、「駢文」（張仁青撰）、「近體詩」（汪中撰）、「新詩之發展」（邱燮友撰）、「詞學」（汪中撰）、「曲學」（賴橋本撰）、「文心雕龍之研究」（王更生撰）。

【附錄】

中國歷代目錄要籍解題

目錄學屬通論性質，故以分類方式撰寫，而中國目錄學之嬗遞沿革，則未能彰著於此書之中，且歷代目錄要籍，亦未能一一兼顧及之，爲使讀者於中國目錄之發展，獲一全面之認識，茲謹別撰「附錄」一篇，擇取歷代目錄要籍，各加解題，而略依時代先後，加以敘列，讀者手此一編，其於了解我國歷代目錄之源流變遷，或亦不無小補之也。

兩漢

別錄二十卷　漢劉向撰　佚、有輯本

漢成帝時，使謁者陳農求天下遺書，詔劉向校經傳、諸子、詩賦之書，任宏校兵書，尹咸校數術之書，李柱國校方技之書。每一書校成，劉向輒論其要指，條其篇目，撰成一「錄」，隨書奏上，以供御覽，當時或別集其「錄」，彙爲一書者，即「別錄」也，今「別錄」已佚，清

人洪頤煊經典集林、嚴可均全漢文、馬國翰玉函山房輯佚書、姚振宗快閣師石山房叢書等皆有輯本。

七略七卷　漢劉歆撰　佚、有輯本

劉向校書，未成而卒，哀帝復命向子劉歆，繼承父業，歆校書完畢，乃總集群書，別其種類，分爲七略，於是有輯略、六藝略、諸子略、詩賦略、兵書略、數術略、方技略。輯略無書，其他六略之下，復分爲三十八類，條理井然，其輯略一篇，即六略之總要，其他六略，則其解題，大體皆本諸劉向「別錄」而略事刪簡者也，故以「略」名其書焉，然論其書目分類，實則僅六類而已，今「七略」已佚，洪頤煊、嚴可均、馬國翰、姚振宗等各有輯本。

漢書藝文志一卷　漢班固撰　存

班固承其父班彪之業，撰成漢書，起自高祖，終於孝平王莽之誅，爲紀、傳、表、志，凡一百卷，其藝文一志，則依據七略，刪簡而成，蓋藝文志於七略之分類與書目之著錄，皆予沿承，至於七略之釋要部分，則多加刪省，又刪其輯略，故其篇幅，較之七略七卷，僅得一卷而已，然六略之後，各有大序，小類之後，多有小序，以敘述學術之流變者。

魏晉

中經　魏鄭默撰　佚

鄭默字思玄，仕魏爲秘書郎，時曹魏代漢，廣收文籍，藏於祕書中外三閣，鄭默乃爲之考覈舊文，刪省浮穢，始製中經，後世目爲四部分類之嚆矢焉。

新簿 晉荀勗撰 佚

荀勗字公會，仕晉，領祕書監，乃因魏中經，更著新簿，分爲四部，一曰甲部，紀六藝，二曰乙部，紀諸子，三曰丙部，紀史書，四曰丁部，紀詩賦。四部之稱，由是成立，此書又另附佛經，而不在四部之內。

晉元帝書目 晉李充撰 佚

李充字弘度，仕晉爲著作郎，於時典籍混亂，充刪除繁重，乃因荀勗舊簿之法，分爲四部，而易其甲乙兩部之書，是以甲部藏六經，乙部紀史傳，丙部貯諸子，丁部錄詩賦，而後世經、史、子、集之次第，亦由是定焉。

綜理衆經目錄一卷 晉釋道安撰 佚

釋道安，常山扶柳人，師事佛圖澄，此目分爲七類，爲佛經目錄奠基之作，每類之中，依譯者年代，著錄譯作，然後著錄其他佛經，有助於了解佛學之發展，其注經之書，別自成部，俾使經注，不易混淆，例亦良佳。

晉義熙以來新集目錄三卷 晉邱淵之撰 佚

邱淵之字思玄，仕晉，入宋時爲吳郡太守，阮孝緒古今書最載晉義熙四年祕閣四部書目，無卷數，隋書經籍志載晉義熙以來新集目錄三卷，當是一書，然書僅三卷，名爲目錄，或係有目無錄，亦未可知。

南北朝

宋元嘉八年祕閣四部目錄　宋謝靈運撰　佚

謝靈運仕劉宋爲祕書監時，撰此書目，阮孝緒古今書最云：「宋元嘉八年祕閣四部目錄，一千五百六十四帙，一萬四千五百八十二卷，又五十五帙，四百三十八卷，佛經。」此書名爲四部，而別以佛經附於書後，實係五部，亦承荀勗新簿之例耳。

七志三十卷　宋王儉撰　佚

王儉字仲寶，劉宋元徽之初，爲祕書丞，嘗參酌劉歆七略之體，更撰七志，一曰經典志，二曰諸子志，三曰文翰志，四曰軍書志，五曰陰陽志，六曰術數志，七曰圖譜志，而別附道經、佛經於書末。王儉此書，不僅實際爲七分之法（七略圖書，僅得六部），且爲目錄書籍特重圖譜之始，影響於後世鄭樵者甚鉅，在目錄史上，亦有其特殊之地位也。

梁文德殿四部書目四卷　梁劉孝標撰　佚

劉峻字孝標，以字行，梁天監中，典校祕閣，又於文德殿列藏衆書，重加校進，阮孝緒古今書最云：「梁天監四年文德正御四部及術數書目錄，合二千九百六十八帙，二萬三千百六卷。」

隋書經籍志著錄此書凡四卷，唐以後亡佚。

出三藏記集十五卷　梁僧祐撰　存

釋僧祐，建康人，所撰此目，蓋集我國所譯經、律、論三藏之作，而分爲四類，其一緣記，其二名錄，其三經序，其四列傳，此爲現存最早之佛經目錄。

七錄十二卷　梁阮孝緒撰　佚

阮孝緒字士宗，於梁武帝普通四年，撰成七錄十二卷，收經典、紀傳、子兵、文集、術伎五錄爲內篇，收佛法、仙道二錄爲外篇，其下又分爲五十五部，其類目細密，類名精確，在目錄學史之上，實具有承先啓後之地位，南宋之初，此書尚存，稍後亡佚，唯七錄自序一篇，爲僧人道宣收入所編廣弘明集，序中所論分類原理及目錄沿革，皆極具參考價值。

隋唐

開皇四年四部目錄四卷　隋牛弘撰　佚

牛弘字里仁，隋開皇初，爲祕書監，嘗上表陳書之五厄，請廣開獻書之路，乃搜訪遺佚，著定書目，所收凡三萬餘卷，隋書經籍志著錄開皇四年四部目錄四卷，不著撰人，新舊唐志作牛弘撰。

七林　隋許善心撰　佚

許善心字務本，於隋開皇十七年，除祕書丞，是時祕藏圖籍，尙多淆亂，善心乃仿效阮孝緒七錄，更著七林，其書於各篇之首，各撰小序，又於部錄之下，各撰解題，以明作者之意，較之七志七錄，恐猶有佳勝之處，惜乎經已亡佚。

大隋衆經目錄六卷　隋釋法經撰　存

釋法經於隋開皇十四年，撰成大隋衆經目錄六卷，此目依大乘、小乘分別著錄經、律、論等，三藏之外，則分抄集、傳記、著述三錄，三錄之中，更分西域與此方兩類，體系極爲謹嚴。

歷代三寶記十五卷　隋費長房撰　存

費長房於開皇十七年，撰成歷代三寶記十五卷，此目外題開皇三寶錄，而卷內題爲歷代三寶記，此目僅收錄經、律、論三藏，此三藏者，又各分大乘小乘，其下且再爲有譯失譯二項，而尤詳於翻譯之年代。

隋書經籍志　卷　唐魏徵等撰　存

今本隋書題長孫無忌奉敕撰，然據四庫提要，此志當係魏徵所撰，此志遠承劉歆班固，近參王志阮錄，區分圖書爲經、史、子、集四部，四部之後，各有大序，四部之下，另爲四十小類，每類之後，各有小序，此則班固藝文志後之所僅見，書末並附道佛兩部凡十五類，蓋四部分類之法，自鄭默中經，首肇其端，至於隋志，正式確立，經史子集四部之名，與四十小類區劃，遂大體完成，後世言四部分類者，不過於其小類，略有出入而已，至於大綱，要不能全違於隋志之名類也。

大唐內典錄十卷　唐釋道宣撰　存

釋道宣，江蘇丹徒人，大唐內典錄撰於唐高宗麟德年間，此書之作，適當玄奘譯經之盛，大德如林，寶藏似海，故以類區分，開爲十類，實能集佛典目錄之大成也。

開元釋教錄二十卷　唐釋智昇撰　存

釋智昇於唐玄宗開元年間，撰成此錄，而分爲總錄十卷，別錄十卷，總錄部分，以人爲主，著錄自漢至唐，一百七十六人所譯之經論，別錄部分，以經爲主，更分七門，以統率之，惜所錄經論，過重翻譯，其於中土高僧著述，不免有所忽略。

群書四部錄二百卷　唐元行沖撰　佚

元行沖於玄宗開元年間，繼馬懷素、褚无量而校訂四部書錄，於是行沖請通撰古今書目，名之爲群書四部錄，凡著錄書籍八萬三千三百八十四卷，每書皆有敘錄，分爲經、史、子、集四錄，四十二小類，每類並有小序，自有書目以來，網羅之富，蓋無以逾於此書矣，惜乎天寶亂後，書已散佚。

古今書錄四十卷　唐毋煚撰　佚

毋煚於開元年間群書四部錄成書之後，不滿元氏之書，紕謬甚多，故乃依據群書四部錄，而爲之刪略增補，約其敘錄，成古今書錄四十卷，學者稱便，是以群書四部錄之書成，「學士無賞擢者」，而古今書錄「經「奏上，賜銀絹二百」」（玉海卷五十二），是二書之應用廣狹，可見一斑。

舊唐書經籍志二卷　五代劉昫撰　存

劉昫所撰舊唐書經籍志，實刪節毋煚古今書錄而成，亦猶班固漢書藝文志一卷，實刪自劉歆七略七卷之例耳，舊唐志於四部之下，別分爲四十五類，每類類目，則大抵本之於隋書經籍志，而略有更動者也。

宋元

崇文總目六十六卷　宋王堯臣等撰　佚、有輯本

崇文總目之體製，實仿自唐代開元四部錄，由王堯臣、王洙、歐陽修等撰定，於仁宗慶曆元年奏上，目錄凡六十六卷，分經、史、子、集四部，四十五類，著錄書籍達三萬六百六十九卷，各書之下，並有解題，另有序錄二卷，實即小序。此目原書經已亡佚，清人錢侗等有崇文總目輯釋五卷，補遺一卷，猶可窺其鱗爪。

新唐書藝文志四卷　宋歐陽修撰　存

新唐書藝文志據舊唐書經籍志撰成，而加錄唐人自著之書，至於二萬八千四百六十九卷，並以舊唐志原本著錄之書五萬三千九百一十五卷，合而計之，達八萬二千三百八十四卷，可謂

鉅矣，其每一類目之下，分爲「著錄」與「不著錄」兩項，著錄者，指古今書錄原有之書，不著錄者，則係新入唐人之書，體例明確，頗可稱道。

中興館閣書目七十卷　宋陳騤撰　佚

陳騤於孝宗淳熙年間，仿崇文總目體例，撰成此目，分爲四部五十二類，較之崇文總目，猶多七類，著錄書籍四萬四千四百八十六卷，較之崇文總目，亦有過之，唯元代以後，此書經已亡佚。

大藏經綱目指要錄八卷　宋釋惟白撰　存

宋徽宗崇寧年間，釋惟白撰大藏經綱目指要錄八卷，著錄佛書一千零四十九種，每書皆詳爲解題，以指示要歸，於佛書目錄中，實爲重要之解題佳作。

郡齋讀書志四卷　宋晁公武撰　存

晁公武字子正，山東鉅野人，於高宗紹興年間，撰成此書，分爲四部四十五類，書前有一總序，敘述歷代目錄類例之分併，每部之後，各有大序，綜述每部之學術大略，唯每類之後，皆無小序，以論述各家之學術流別，是則不足以繼軌漢隋二志者也，然每書之下，各有提要，以明一書之得失，此則又屬漢隋二志所不及者也。

遂初堂書目一卷　宋尤袤撰　存

尤袤字延之，江蘇無錫人，藏書甚富，此目之作，即就其家藏圖書，親身目驗，而後加以筆錄者也，故亦以詳記各書之版本，足資參稽，最稱特色，然此目於四部四十四類之末，皆無小序，每一書下，復無解題，較之晁氏之郡齋讀書志，則殊爲簡陋矣。

直齋書錄解題二十二卷　宋陳振孫撰　佚，有輯本

陳振孫字伯玉，浙江安吉人，所撰直齋書錄解題，實仿效晁公武郡齋讀書志而成，原本五十六卷，久佚，清代四庫全書開館，自永樂大典中輯出，得二十二卷，此書雖不標經、史、子、集之名，而實採四部成法，四部之下，分五十三類，而每書之下，多有解題，以討論各書之大旨，其闡述精詳，考證確實，頗爲後世所重。

通志藝文略八卷　宋鄭樵撰　存

鄭樵字漁仲，福建莆田人，所撰通志之中，有藝文略八卷，蒐列古今目錄所收書籍，分爲十二類，一百五十五類，每類之下，更分爲二百八十四目，體系嚴密，而於傳統之七略四部分類方法，悉爲突破，其見解膽識，誠可驚佩。

通志校讎略一卷　宋鄭樵撰　存

校讎略爲鄭樵關於目錄學之根本理論，而藝文略爲鄭樵關於目錄學理論之實踐，一爲原理，一爲應用，相互配合，故能自成體系，別自樹立，我國目錄之學，自劉向劉歆父子以下，能提出完整之目錄學理論者，當首推鄭樵，故鄭樵此書，在目錄學史上，實係一極爲重要之著作。

宋史藝文志八卷　元脫脫等撰　存

脫脫等於元順帝至正年間，採取宋代呂夷簡、王珪、李燾等所纂輯之各種國史藝文志，刪除小序提要，去其重複，並加增補，以成此志，凡分四部四十四類，所收書籍共九千八百一十九部，十一萬九千九百七十二卷，至為繁鉅，然而四庫提要評論其弊病，以為「訛謬顛倒，瑕隙百出，於諸史志中，最為叢脞」。

文獻通考經籍考七十六卷　元馬端臨撰　存

馬端臨字貴與，江西樂平人，所著文獻通考之內，有經籍考七十六卷，其書蒐集漢隋以下各史藝文志之書目，迄於當時所見各書，而分為四部五十六類，每類之後，各有小序，每書之下，各有提要，而具列晁公武、陳振孫之解題，以及各書之序跋題記，正史列傳，一切相關資料，雖云多引成說，然於考訂經籍，廣取佐證，則為用甚宏，後世若朱彝尊之經義考、謝啓昆之小學考，實多沿襲其體例。

明

百川書志二十卷　明高儒撰　存

高儒字子醇，涿州人，明世宗嘉靖年間，撰成此書，所收書籍，區分為四部九十三類，自來以四部區劃者，其小類之分析，未有若此書之繁密者，此書並無小序，亦無解題，而偶記作者之仕履，書籍之內容，亦尚可供參稽。

文淵閣書目二十卷　明楊士奇撰　存

楊士奇名寓，以字行，江西泰和人，明英宗正統年間，撰成此書，此書不以四部分類，而以千字文之字次排列，自「天」字以至「往」字，得號二十，分貯五十櫥，所收書籍，共七千二百五十六種，四萬三千二百餘冊，而區分爲三十七門，其所編次，頗爲簡陋。

國史經籍志六卷　明焦竑撰　存

焦竑字弱侯，江蘇江寧人，明神宗萬曆年間，焦氏主修國史，並先撰經籍志，區分圖書爲四部四十八類，每類之下，又區分爲若干子目，區劃細密，蓋仿自鄭樵之藝文略者，四十八類之後，多有小序，以尚論學術源流，亦甚可貴，書末別附「糾繆」一卷，評析歷代史志類例之繆誤，可供參稽。

淡生堂藏書目十四卷　明祁承㸁撰　存

祁承㸁字爾光，浙江山陰人，富於藏書，積累至十餘萬卷，築淡生堂貯之，所撰書目，區分爲四部四十六類，類下復區分爲二百四十三目，頗具體要，書中別附「庚申整書略例」一卷，提出「因」、「益」、「互」、「通」四法，以部次圖書，於目錄學史上，允爲極其重要之分類理論。

千頃堂書目三十二卷　明黃虞稷撰　存

可據」也。

黃虞稷字俞邰，福建晉江人，所撰千頃堂書目，以著錄明人著作爲主，及清人張廷玉撰修明史，其藝文一志，實即以黃氏此目爲底本，故四庫提要亦謂，「考明一代著作，以此書最爲可據」也。

寶文堂書目三卷　明晁瑮撰　存

晁瑮字君石，貴州貴陽人，家富藏書，所撰此目，卷首爲御製書，上卷分經史等爲十二類，中卷分子書等爲六類，下卷分政書等爲十五類，四庫提要批評此書，以爲「著錄極富，雖不能盡屬古本，而每書下間爲注明某刻，亦足以考見明人版本源流」。

世善堂藏書目錄二卷　明陳第撰　存

陳第字季立，福建連江人，所撰書目，分爲六部六十三類，六部者，經部、四書部、諸子百家部、史部、集部、各家部是也，蓋於經部分出四書，別主爲「四書部」，又取天文、時令、五行、兵書、道家、釋家等別立一「各家部」，故有六部也，姚名達氏撰中國目錄學史，謂此目頗具創造精神。

白華樓書目　明茅元儀撰　佚

茅元儀字止生，浙江歸安人，於思宗崇禎年間，撰成此目，而號爲「九學十部」，九學者，經學、史學、文學、說學、小學、兵學、類學、數學、外學是也，十部者，九學之外，別加世學（制義舉業）也，此目能以學術爲圖書分類之標準，較諸歷來以圖書本身爲分類者，見解確屬不凡，惜此目已佚，唯其自述一篇，尚載於鄭元慶湖錄經籍志及吳興藏書錄中，猶得窺知大略也。

清

絳雲樓書目　清錢謙益撰　存

錢謙益字受之，江蘇常熟人，家富藏書，貯之於絳雲樓，爲清初最大之私人藏書家，晚年，樓毀於火，而書目尚存，此目共分爲七十三類，論其內容，實依四部爲類，書無小序解題，唯遇宋元佳本，則略記其版刻情形，蓋仿於尤袤遂初堂書目之例，亦藏書書目之必然現象也。

經義考三百卷　清朱彝尊撰　存

朱彝尊字錫鬯，浙江秀水人，經義考實仿馬端臨經籍考之例，蒐錄歷代經籍注疏，注明卷數、作者，下注「存」、「佚」、「闕」、「未見」等項，然後輯錄原書序跋、古今學者評論，或別附案語，遂使兩千年間，經傳要義，一一可考，其功甚偉，其後，羅振玉爲撰經義考目錄，翁方綱爲撰經義考補正，讀朱氏書時，並可供參稽。

四庫全書總目提要二百卷　清紀昀等撰　存

清乾隆四十七年，四庫全書纂修完成，著錄書籍三千四百五十七部，七萬九千零七十種，而「存目」之書，尤倍蓰於此，其總目及提要二百卷，區分四部爲四十四類，四部之首，各有總序，小類之後，各有小序，以討論學術流別，每書之下，詳著提要，以考一書之本末得失，自有目錄以來，收藏之富，解題之要，無逾於此目者，而其體例，亦眞能上追別錄七略，而深得古人之大體者也。

明史藝文志　清張廷玉撰　存

張廷玉所撰明史藝文志，實本諸王鴻緒所撰之明史稿，而明史稿中之藝文志，乃據黃虞稷千頃堂書目刪節而成，張氏此志，分爲四部三十五類，然不錄宋、遼、金、元四朝著作，亦不錄明內府所藏歷朝著述，遂首開藝文志僅錄當朝著述之先例。

讀書敏求記四卷　清錢曾撰　存

錢曾字遵王，江蘇常熟人，富於藏書，嘗撰述古堂書目及也是園藏書目，其於述古堂書目之後，列有述古堂宋本書目，嗣又擇其中版刻之尤精者六百三十四種，親撰題記，而成讀書敏求記四卷，以考訂版刻源流，行款格式，紙墨楮色，雕印年代等等，亦首開清人私家藏書注重題識之風氣，此書面世後，翻刻重印，達數十次，紕謬頗多，長洲章鈺嘗撰讀書敏求記校證四卷，亦使錢氏此書，益形完備。

蕘圃藏書題識十卷、**續錄**四卷　清黃丕烈撰　存

黃丕烈字蕘圃，江蘇吳縣人，性喜蓄書，尤嗜宋刻，二十年間，所獲宋本，逾二百種，黃氏每收一書，輒廣求異本，皆載在本書之後，爲之覆校，並撰題識，以論其淵源流衍，優劣得

失，以其多眞知灼見，故極爲士林所寶貴，黃氏卒後，潘祖蔭、繆荃孫、王大隆等陸續輯錄，以成續錄。

天祿琳琅書目十卷、**續編**二十卷　清于敏中、彭元瑞等撰　存

乾隆四十年，于敏中等奉敕撰定天祿琳琅書目十卷，著錄宋元明版及影抄本四百二十九部，嘉慶三年，彭元瑞等又奉敕撰成天祿琳琅書目續編二十卷，著錄宋金元明版六百六十三部，此二目皆以四部爲綱，以書籍刊刻朝代爲次，而於刊刻流傳之時地，鑒賞採擇之源流，收藏者之生平事略，印記眞僞，並加記錄，故二目成書，其體例影響於後世藏書家之書志目錄者甚巨。

小學考五十卷　清謝啓昆撰　存

謝啓昆字蘊山，江西南康人，所撰小學考，區分爲敕撰、訓詁、文字、聲韻、音義數類，此書之作，蓋以朱彝尊經義考一書，於小學類中，僅敍次爾雅二卷，故欲推廣其小學一門，而撰成此書，此書之出，不僅足補經義考之未備，亦爲後世專治小學目錄者，闢一途轍也。

校讐通義三卷　清章學誠撰　存

章學誠字實齋，浙江會稽人，所撰校讐通義，爲討論目錄類例之重要著作，章氏以爲，校讐目錄之要務，在辨章學術，考鏡源流，其所持「互著」「別裁」之分類理論，影響於圖書著錄之方式者，尤爲鉅大，蓋自漢志以下，言目錄者，多偏重實務，唯章氏之與鄭樵，於學理

方面，各有樹立，謂之爲目錄學史上之思想家，當不爲過。

史籍考三百二十五卷　清章學誠撰　殘

章氏此書，分爲十二部五十五類，十二部者，制書、紀傳、編年、史學、稗史、星曆、譜牒、地理、故事、目錄、傳記、小說是也，書成未刊，其稿後毀於火，今則僅能略存殘稿。

孫氏祠堂書目內編四卷**外編**三卷　清孫星衍撰　存

孫星衍字淵如，江蘇陽湖人，所撰此目，分圖書爲十二部四十五類，十二部者，經學、小學、諸子、天文、地理、醫律、史學、金石、類書、詞賦、書畫、小說是也，其所分類，大體本之鄭樵而有所改易，然而孫氏撰此目時，四庫全書經已完成，而孫氏乃能不囿於四部之成規，所具膽識，亦可貴矣。孫氏祠堂書目之外，孫氏尚有平津館鑒藏書籍記及廉石居藏書記，性質與此書相近。

曝書雜記三卷　清錢泰吉撰　存

錢泰吉字輔宜，號警石，浙江嘉興人，好校古書，每得善本及先輩評點之書，皆取資校勘，所撰題識，尤詳於古刻源流，傳寫始末，後集之爲曝書雜記，雖與諸家藏書之志記相似，然其所論，多出自讀書校書之所得，非僅據序跋迻錄以成篇者，故尤可寶貴也。

鐵琴銅劍樓藏書目錄二十四卷　清瞿鏞撰　存

瞿鏞字子雍，江蘇常熟人，性喜藏書，積累至十餘萬卷，珍本極多，爲清代四大藏書家之一，所撰此目，於所錄各書，多記其行款格式，亦屢引前人各藏書志廣爲參證，考訂頗爲精審。

四庫簡明目錄標注二十卷　清邵懿辰撰　存

邵懿辰字位西，浙江仁和人，此書專就四庫簡目，記其各書版本，自宋以下，以迄清代中葉，其版刻之佳勝者，多加著錄，偶或評論數語，尤堪珍貴，故極爲士林所寶，其後，邵友誠、邵章等人，分別續爲增訂，亦使此書，益便使用。

郘亭知見傳本書目十六卷　清莫友芝撰　存

莫友芝字子偲，號郘亭，貴州獨山人，本書爲莫氏生平所知見善本諸書之總錄也，莫氏讀書，每遇善本，即錄之於四庫簡目當條之下，亦採錄邵懿辰四庫簡明目錄標注所見之書，並各加注語，莫氏卒後，其子繩孫乃迻錄整理而成，此書不僅可以明辨版刻之源流，且可作學術變遷之指示，故極爲士林所重。

宋元舊本書經眼錄三卷　清莫友芝撰　存

此書收錄宋、金、元、明刊本九十三種，舊抄本三十八種，每書之下，各附案語，或記其版本，或論其優劣，或錄其序跋，其於考證古籍善本，極具參考價值。

東湖叢記六卷　清蔣光煦撰　存

蔣光煦字日甫，浙江海寧人，性喜聚書，數達十餘萬卷，所刊別下齋叢書，世稱善本，此記所述，雖僅一百四十一則，然其所記，率爲罕見佳本，或不傳之祕，所發論說，亦精實可據，有裨學問。

滂喜齋藏書記三卷　清潘祖蔭撰　存

潘祖蔭字伯寅，江蘇吳縣人，性喜收藏，且多精品，築滂喜齋貯之，光緒九年，潘氏奉諱家居，延葉昌熾館於滂喜齋，葉氏每睹一書，輒撰爲解題，久乃輯爲此記，所收宋刻五十八種，元明以下刻本五十三種，朝鮮刻本十四種，鈔本六種，合之爲百三十種，以視百宋千元，相去固遠，然每書詳記款式、印記、題跋，解題亦簡要有法，便於參稽。

善本書室藏書志十卷　清丁丙撰　存

丁丙字嘉魚，別字松生，浙江錢塘人，富於藏書，嘗築八千卷樓，以貯其書，爲清代四大藏書家之一，光緒年間，編成此目，著錄書籍，逾三千種，宣統元年，丁氏經商失敗，盡售其書，歸之官家，而藏於江南圖書館。

楹書隅錄五卷、**續錄**四卷　清楊紹和撰　存

楊紹和字彥合，山東聊城人，祖孫四代，皆嗜藏書，於聊城建海源閣貯之，爲清代四大藏書家之一，與常熟瞿鏞，有南瞿北楊之稱，嘗編有海源閣藏書目，記其收藏，楹書隅錄則記其宋元刊本，行式印章，諸家題識，間附己見，共一百七十一種，釐爲楹書隅錄五卷，嗣又續得九十八種，析爲四卷，是爲續編，皆極見重士林。

皕宋樓藏書志一百二十卷　清陸心源撰　存

陸心源字剛甫，浙江歸安人，嗜藏書，聚書至十餘萬卷，尤嗜宋本，築皕宋樓貯之，爲清代四大藏書家之一，亦精版本目錄校勘之學，所撰書目題跋，尤見重士林，清光緒三十三年，心源之子樹藩，以十萬銀元，舉皕宋樓藏書，盡以售諸日人，神州故籍，由是東渡而不反矣，論者惜之。

儀顧堂題跋十六卷　清陸心源撰　存

陸氏藏書既富，又精鑑別，每讀善本，多爲撰題跋，以討論學術源流，雕版得失，清代四庫提要撰成之後，缺漏頗多，陸氏嘗欲廣引佐證，糾其繆誤，以撰「正紀」之篇，後雖爲俞樾所勸阻，然其儀顧堂題跋之中，規正提要之失者，仍所在多有，故其後胡玉縉余嘉錫爲四庫提要撰補正與辨證，即多引陸氏此書之說也。

開有益齋讀書志六卷　清朱緒曾撰　存

朱緒曾字述之，江蘇上元人，嗜藏書，嘗聚書至十數萬卷，所貯宋元舊本，多世間所罕見者，此書所收朱氏讀書題跋，計四部書一百七十五篇，金石文字計三十三篇，大率以發明經訓儒術，典章法制者爲先，其於徵文考獻，頗多可供參稽之處。

書目答問　清張之洞撰　存

張之洞字孝達，河北南皮人，此書本爲張氏督學四川時，告語生童而作，故所舉書籍兩千餘種，多屬切實有用之書，此目於經、史、子、集之外，另增叢書、別錄二類，自此書之出，承學之士，視爲津筏，翻印重刻，不下數十餘次，其應用價值，迄今不替焉。

日本訪書志十六卷　清楊守敬撰　存

楊守敬字惺吾，湖北宜都人，光緒年間，出使日本，搜羅放佚，日遊不倦，並得交日人森立之，據彼所撰經籍訪古志，按錄求索，每得一書，皆考校源流，評論得失，久之，乃輯成此志，其分類略依四庫，末二卷則收佛藏及僧人著作，所收各書，足濟我國公私藏目之不足，其有功學術，誠不在小。

漢書藝文志條理六卷　清姚振宗撰　存

姚振宗，浙江山陰人，擅長流略之學，所撰漢書藝文志條理，其於班固藝文志，廣徵博引，依次臚列歷代學者之研究意見，並更加按語，以論斷之，考證精詳，言漢志者雖衆，然至於姚氏此作，蔑以上之矣。姚氏尚有漢書藝文志拾補，亦補正漢志之作。

隋書經籍志考證五十二卷　清姚振宗撰　存

隋書經籍志考證五十二卷，論其份量，尤倍蓰於漢書藝文志條理者，至其體例，則與漢志條理相同，皆廣徵博引，以疏釋隋志，此書與前述二書，皆刻於姚氏快閣師石山房叢書之中，開明書局廿五史補編，亦嘗爲輯入。

文祿堂訪書志五卷　清王文進撰　存

王文進字晉卿，河南安邱人，於故都營書肆，精本祕笈，經手而目驗者，無慮數萬種，每得佳槧，輒記錄之，積累既多，乃取其中尤精善者，凡七百五十餘種，集爲一編，有宋本二百五十餘種，極可珍寶，與孫殿起販書偶記，俱爲出諸書賈之手，而同屬目錄版本之要籍者。

藝風藏書記八卷、**續記**八卷　清繆荃孫撰　存

繆荃孫字炎之，一字筱珊，江蘇江陰人，精研流略之學，早歲嘗協助張之洞撰書目答問，又專辦江南圖書館，長京師圖書館，所撰此記，著錄圖書六百餘種，一萬餘卷，續記著錄，亦近千種，其分類用孫星衍孫氏祠堂書目之例，分爲經學、小學、諸子、地理、史學、金石、類書、詩文、藝術，及小說十類，每書之下，間有題記，足資參考。

郋園讀書志十六卷　清葉德輝撰　存

葉德輝字煥彬，號郋園，湖南長沙人，性嗜收藏，尤好刻書，郋園讀書志則係其讀書之題跋，類聚而成，凡經、史、子部各爲二卷、集部十卷，每書詳其行款格式，版刻源流，條別得失，而於明版書，評論最多。

民國

拾經樓紬書敘錄三卷　民國葉啓勳撰　存

葉啓勳字定侯，湖南長沙人，德輝從子，性好藏書，顏其所居室曰拾經樓，後居滬上，得閱涵芬樓及江南故家收藏，見聞日廣，每讀書有得，輒撰爲題跋，民國二十六年，部居釐次，

得一百有九篇，析爲此書三卷，考訂精密，較之郘園讀書記，亦不遑多讓也。

五十萬餘樓藏書目錄初編二十二卷　民國莫伯驥撰　存

莫伯驥字天一，廣東東莞人，性喜藏書，數十年間，聚書極富，雖罕宋刻，而明清以下之刊本鈔本甚多，民國二十五年，成此目錄，又刊行五十萬卷樓群書跋文，以論述人事變遷，學術源流，頗富參考價值，抗日軍興，粵東淪陷，而五十萬卷樓藏書，亦掃地殆盡，所幸其目錄先成，猶可據此，得其彷彿，以憑弔之也。

藏園群書題記初集八卷、**二集**六卷　民國傅增湘撰　存

傅增湘字沅叔，號藏園，四川江安人，富於收藏，名其藏書之所曰雙鑑樓，所貯善本尤多，傅氏精於鑑別，每讀一書，輒撰爲題跋一首，敘版本之同異，辨字句之譌謬，考作者之仕履，明著書之意旨，藏園群書題記初集僅一百六十首，二集僅一百四十八首，數量雖不甚多，而士林實珍視之。

古越藏書樓書目　不著撰人　存

古越藏書樓建於光緒三十年，其創設宗旨，以「存古」與「開新」並重，故其藏書，新舊並貯，此目區分圖書爲「學部」「政部」兩類，學部收經學子學文學等書，政部收史學、軍政、法律等書，一以理論爲主，一以應用爲主，然皆不甚精確，此亦目錄學史上新舊分類交替時期之特殊現象也。

南洋中學藏書目 民國陳乃乾撰 存

民國八年，陳乃乾撰成此目，區分圖書爲十四部五十七類，十四部者，周秦漢古籍、歷史、政典、地方志乘、小學、金石書畫書目、記述、天文算法、醫藥術數、佛學、類書、詩文、詞曲小說、彙刻是也，此目亦捨棄經史子集之名，而以新式學術爲主之分類法代之，亦目錄分類變改時期之因應現象也。

劉向校讐學纂微 民國孫德謙撰 存

孫德謙字隘堪，精於流略之學，嘗撰漢書藝文志舉例一卷，以分析漢志條例，頗爲切當，劉向校讐學纂微一書，則係闡釋劉向校讐目錄學之專著，其書分爲二十三目，計爲備衆目、訂脫誤、删複重、條篇目、定書名、謹編次、析內外、待刊改、分部類、辨異同、通學術、敘源流、究得失、撮指意、撰序錄、述疑似、準經義、徵史傳、闢舊說、增佚文、考師承、紀圖卷、存別義等，劉向校理舊籍之事，孫氏此書，爲之闡發，可謂無餘蘊矣。

續校讐通義二卷 民國劉咸炘撰 存

劉咸炘字鑑泉，四川雙流人，好學不倦，著述甚富，此書爲其「推十書」之一，撰述之旨，蓋以章學誠校讎通義一書，議論未免疏略，故於評析訛謬之外，別撰此書，以尚論歷代藝文流略，以疏通倫類得失也。

販書偶記 民國孫殿起撰 存

孫殿起字耀卿，河北冀縣人，於故都設通學齋書肆，經營古籍售賣，凡數十年，此書即其經眼善本，手錄傳刻，加以輯成，此書分類，大體本之四庫總目，其見於四庫總目者，概不收錄，故所蒐集，乃以清人著述，最稱繁盛，謂之四庫書目續編可也。

校讐新義十卷　民國杜定友撰　　存

杜定友，廣東南海人，蓋以清末以來，歐風東漸，圖書目錄之學，別成專門之學，因取我國舊有成法，融合新義，而貫通之，撰成校讐新義一書，分爲十卷，分論類例、四庫、經部、史部、子部、集部、編次、書目、藏書、校讎等十項，頗有新見，然亦不無所蔽。

四庫全書總目提要補正六十卷　民國胡玉縉撰　　存

胡玉縉字綏之，江蘇元和人，擅長經學，兼擅流略之學，所撰四庫全書總目提要補正一書，廣蒐資料，及前人論說，而於提要缺漏者補之，錯謬者正之，其所補正之書，共達二千三百餘種，可謂鉅著，極富參考價值。

四庫提要辨證　民國余嘉錫撰　　存

余嘉錫字季豫，湖南常德人，精研目錄之學，所撰四庫提要辨證一書，則廣徵博引，詳加論證，辨證四庫提要共四百九十篇，論其數量，雖不若胡玉縉氏補正者多，然其考證精詳，立說謹嚴，則尤在胡氏補正一書之上，故極爲士林所尊重。

廣校讐略五卷　民國張舜徽撰　　存

張舜徽，湖南沅江人，治目錄校讐之學，嘗撰漢書藝文志釋例一卷，以分析班固漢志條例，民國三十四年，撰成廣校讐略五卷，以追蹤鄭樵，此書分爲十九論一百篇，十九論者，校讐學名義及封域論、著述體例論、著述標題論、作者姓字標題論、補題作者姓字論、援引古書標題論、序書體例論、注書流別論、書籍傳布論、書籍散亡論、簿錄體例論、部類分合論、書籍必須校勘論、校書非易事論、校書方法論、清代校勘家得失論、審定僞書論、搜輯佚書論、漢唐宋清學術論等是也，其書著眼甚廣，議論亦頗通達。

中國善本書提要　民國王重民撰　存

王重民字有三，河北高陽人，精擅版本目錄之學，著述甚富，此書爲其早年陸續撰寫之未定稿，王氏卒後，由其夫人劉修業女士、友人傅振倫、楊殿珣等整理出版，計收善本古籍四千二百餘種，另補遺一百餘種，皆經王氏手披目覽，撰爲提要者，彌足珍貴。